LARGE PRINT WORDSEARCH PUZZLES

POPULAR
TV SHOWS OF THE 90S

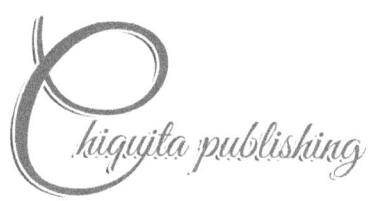

Chiquita publishing

Cover and page design by Cool Journals Studios - Copyright 2016

Word Search Instructions

Your list of words will be found on the left side of the book. A total of 25 words will be given for each word search. Plus one secret word for you to discover. Use the blank space at the end of the list to write your secret word.

Cross out or check off each word as you find them on your list.

Search up, down, forward, backward, and on the diagonal path to find the hidden words.

An answer key will be provided on the top of the following page for each word search.

Good luck and have lots of fun!

THE SIMPSONS |PUZZLE #1

- BART
- BUFFOONISH
- BULLYING
- CELEBRITIES
- DYSFUNCTIONAL
- GROENING
- HOMER
- JOKES
- LISA
- MAGGIE
- MARGE
- NELSON
- NUCLEAR

- PACIFIER
- PARODIES
- QUIRKY
- RELATIONSHIPS
- SATIRICAL
- SIMPSONS
- SITCOMS
- SNOWBALL
- SPRINGFIELD
- SUCKING
- TEACHERS
- TOWNSPEOPLE
- _____

```
N S I M P S O N S D R M R R V K J K S J
Y H X A T O W N S P E O P L E B W T P J
P R W G L M D W A V W L A M K N G W R L
M Y M G P D P C S S S C X G K N J S I A
D S R I W H I K U E I I V P I Y M N N N
Z P F E T F E C K R I K T N V F X O G O
D I G N I G K P I R R T E C B T F W F I
N H G E R I Y T K K W O I U O X F B I T
D S R A N M A K T P R L F R N M Y A E C
J N M G N S W K R G C F M N B W S L L N
R O R N N L B K R I O N R T W E P L D U
E I Q N E B A R T O U G N I Y L L U B F
M T W B N L R P N K J Q C H M K K E B S
O A Y V G X S I N R B Z K W N G L W C Y
H L K Y W B S O T B N T T B U W N I M D
T E R X G H F B N K H G B T C T V W S R
T R L J O K E S X W C L G H L M P N R A
F S E I D O R A P M H T H K E F R N G T
X T V N J Y T R O U B L E M A K E R Z M
N K B R T L S R E H C A E T R Z D M V L
```

THE SIMPSONS
PUZZLE #1

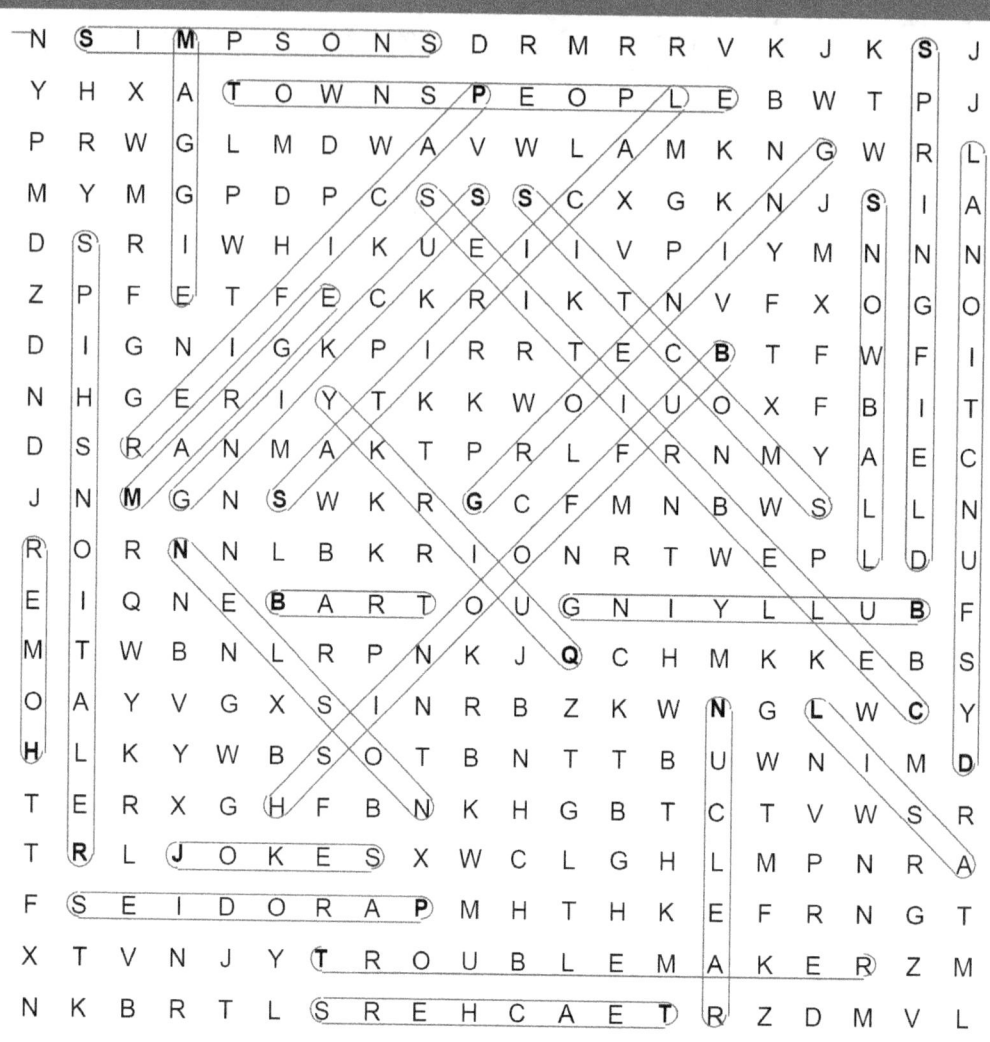

A N S W E R   K E Y

SEINFELD |PUZZLE #2

- ○ ACCOMPANIED
- ○ AMATEUR
- ○ APARTMENT
- ○ AUDIENCE
- ○ BEHAVIORS
- ○ BETRAYAL
- ○ BREAKFAST
- ○ CAREER
- ○ CEREAL
- ○ CHARM
- ○ CIRCUS
- ○ COMEDIAN
- ○ CONFLICT
- ○ COSMO KRAMER
- ○ DANCE
- ○ DATING
- ○ DISAPPROVAL
- ○ DISASTROUS
- ○ DISHONEST
- ○ DOOFUS
- ○ EASYGOING
- ○ ECCENTRIC
- ○ ELAINE BENES
- ○ ENERGETIC
- ○ GEORGE COSTANZA
- ○ _____

```
K M B R M Y J N G N I O G Y S A E N W C
C O S M O K R A M E R Z V V W K C P L E
K D T X Y Y C I T E G R E N E V K B Y R
K T D L C C N C K B R E A K F A S T Y E
A C L A K A V N S U C R I C V Y Y Y D A
C I E V J K R Q V T N E M T R A P A Z L
C L F O G W D E P X K C W N G E C Q A Z
O F N R T E Q I E G I F M W C H V M J Z
M N I P N T O F S R G L R N A S A S X X
P O E P R A W R T A A P A R E T N R D V
A C S A E K I N G Y S D M N E M C O I N
N G Y S C C E D A E K T E U M X Y I S N
I L R I V C N R E Q C B R D R L Y V H R
E L R D C D T E C M E O O O Z T Y A O Q
D Q E E B E R N I N O O S L U T D H N X
M C J M B F L P I D F C W T P S R E E J
K P R V Q V F A T U U V X Y A L N B S M
F Q L H H T L K S N F A C F X N P B T P
T M L G X E F L J Y L H P Z T H Z K B W
G V V D B R D A T I N G Z X Z B P A H K
```

ER |PUZZLE #3

Word grid (answer key):

```
K M B R M Y J N G N I O G Y S A E N W C
C O S M O K R A M E R Z V V W K C P L E
K D T X Y Y C I T E G R E N E V K B Y R
K T D L C C N C K B R E A K F A S T Y E
A C L A K A V N S U C R I C V Y Y V D A
C I F O J K R Q V T N E M T R A P A Z L
C L N R G W D E P X K C W N G E C Q A Z
O F I P T E Q I E G I F M W C H V M J Z
M N I P N T O F S R G L R N A S A S X X
P N P R A W R T A A P A R E T N R D V N
E O A S E K I N G Y S D M N E M C O I N
A C S C C C E D A E K T E U M X Y I S N
N L R I V C N R E Q C B R D R L Y V H R
I L R D C D T E C M E O O O Z T Y A O Q
E R D E E B E R N I N O O S L U T D N X
M C J M B F L P I D F C W T P S R E E J
K P R V Q V F A T U U V X Y A L N B S M
F Q L H H T L K S N F A C F X N P B T P
T M L G X E F L J Y L H P Z T H Z K B W
G V V D B R D A T I N G Z X Z B P A H K
```

Word list:

- AMBUSH
- ASSISTANT
- ATTEMPTS
- BELIEVED
- BRAIN
- CAREER
- DEMOCRATIC
- DEPARTURE
- DOUG ROSS
- EUTHANASIA
- FOCUSED
- HINDSIGHT
- HOSPITAL
- HUMAN
- ILLNESS
- INTERN
- JOHN CARTER
- LOCATED
- MARK GREENE
- MEDICAL
- NEGOTIATE
- NURSES
- ORGAN
- PARAMEDICS
- PETER BENTON
- _____

```
Z T X M T N A T S I S S A N M W C R M L
T E E E K K M T K C S Z H C A R E E R A
Y U T D R Q B N L S I D R V R D N N K T
B T A I R R D N O N L T E B T J F Q K I
P H I C K C G R G P N M A P R C B M W P
E A T A R Q G T S I H M W R A R Q Q G S
T N O L M U N S A K E W M T C R C K N O
E A G R O D E R P P N F T J V O T R T H
R S E D C N B N R A E K Y D M N M U L D
B I N M L J U L M L E S D X M F B E R W
E A K L L R O U L Q R H T J R P G R D E
N X I M S D H H L V G T G P R M F Z T J
T H D E G E L K N K K Z L G M O M K C A
O X S K Z V P X R C R B L O C E L F M D
N J I N T E R N N C A G Y U C Z T B Q Y
L K B D C I N H M N M R S N L A U T R F
S U S A N L E W I S N E T L J S T P A J
L M R G Q E H G L J D G N E H D P E M Q
H Y L B X B N A G R O C P V R T L G D L
H T H G I S D N I H S C I D E M A R A P
```

ER
PUZZLE #3

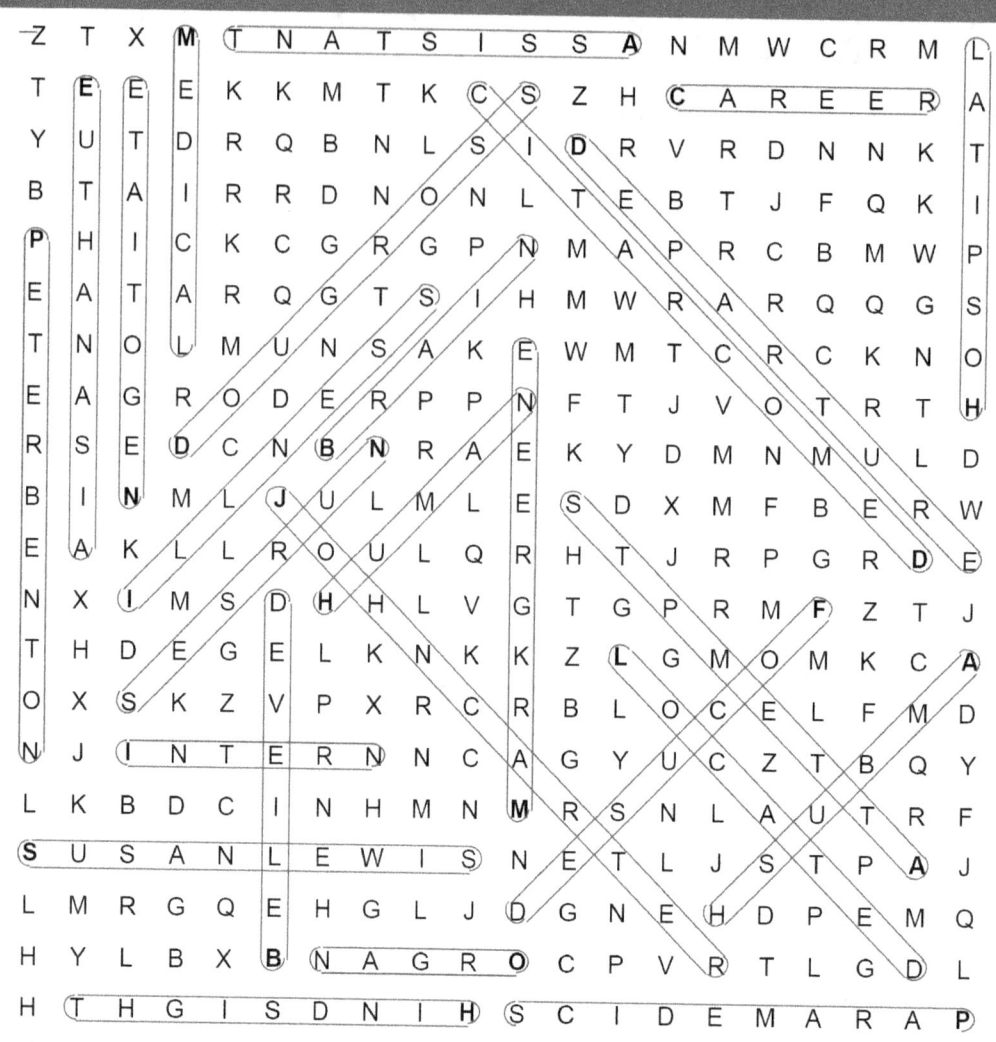

ANSWER KEY

```
Z T X M T N A T S I S S A N M W C R M L
T E E E K K M T K C S Z H C A R E E R A
Y U T E D R Q B N L S I D R V R D N N K T
B H A I R R D N O N L T E B T J F Q K I
P H I C K C G R G P N M A P R C B M W P
E A T A R Q G T S I H M W R A R Q Q G S
T N O L M U N S A K E W M T C R C K N O
E N G R O D E R P P N F T J V O T R T H
R S E D C N B N R A E K Y D M N M U L D
B I N M L J U L M L E S D X M F B E R W
E A K L L R O U L Q R H T J R P G R D E
N X I M S D H H L V G T G P R M F Z T J
T H D E G E L K N K K Z L G M O M K C A
O X S K Z V P X R C R B L O C E L F M D
N J I N T E R N N C A G Y U C Z T B Q Y
L K B D C I N H M N M R S N L A U T R F
S U S A N L E W I S N E T L J S T P A J
L M R G Q E H G L J D G N E H D P E M Q
H Y L B X B N A G R O C P V R T L G D L
H T H G I S D N I H S C I D E M A R A P
```

HOMICIDE: LIFE ON THE STREET |PUZZLE #4

- ADVICE
- AL GIARDELLO
- ASSERTING
- AUTHENTIC
- BEAU FELTON
- BELIEVED
- BLEAK
- BOWL
- BOXED
- BRIDGES
- CABINET
- CANCELLATION
- COMMENTARY

- CONCENTRATED
- CONSIDERATION
- COSMETIC
- COVETED
- CRUCIAL
- DEMYTHIFICATION
- DEPICTION
- DETECTIVE
- DIRECTOR
- DISTINGUISHED
- FRANK PEMBLETON
- JOHN MUNCH
- _____

```
K M N G N G X N K R K T C P T B T L T C
M J E N X N B A M L L O M T C M N V N N
D C C L B D E D J W M W P D P T O N D O
E F I Z D L E D G M F T D I B A I R I I
V Q T T B R E T E J H J J R B L T H S T
E M C N N T I N E C N L R E R G A L T A
I T P I E E T C N C O K G C I I R M I C
L K B V T A H U K N T N Z T D A E H N I
E X O C R E M T Q L L I M O G R D H G F
B C F Y G N M H U N E T V R E D I F U I
R L L G H A K S K A F W X E S E S P I H
G H L O D K C V O T U P I K F L N R S T
C L J V P A R Y W C A L W S M L O R H Y
T K I J B G N I T R E S S A M O C F E M
B C Y I K H T L T D B C R U C I A L D E
E O N O I T C I P E D J M P M Z P T R D
J E X K Y N X N D G G W B N B O W L X W
T N B E J L T C O N C E N T R A T E D R
M M C L D C F R A N K P E M B L E T O N
N O I T A L L E C N A C B P M N V B Y X
```

**HOMICIDE: LIFE
ON THE STREET
PUZZLE #4**

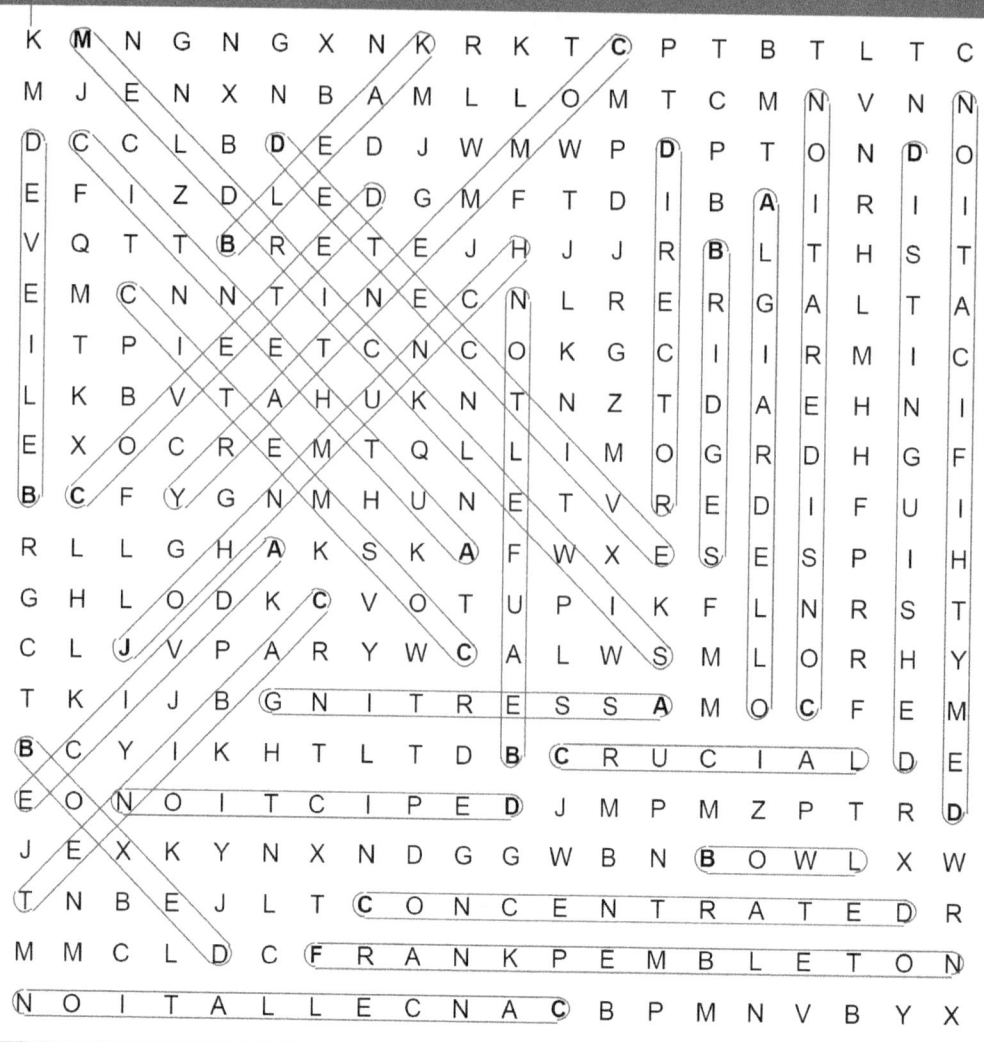

FRASIER |PUZZLE #5

- ○ ACCEPTANCE
- ○ BACHELOR
- ○ BOSTON
- ○ BREAKDOWN
- ○ BROTHERS
- ○ CHAOS
- ○ CHEERS
- ○ CLASH
- ○ COFFEE
- ○ COMPLICATED
- ○ CONFESS
- ○ DAPHNE MOON
- ○ DETECTIVE

- ○ EARTH
- ○ EDDIE
- ○ FALLS
- ○ FRASIER CRANE
- ○ GAIN
- ○ HIRES
- ○ INTELLECTUAL
- ○ MARRIAGE
- ○ MARTIN
- ○ MOBILITY
- ○ NILES
- ○ OBLIGED
- ○ _____

```
Q K Z C R F Z L H H G V K T R H L T Y C
L G F L H M J I G N K D T R K V R R T H
B T T A R A R V L M D E T E C T I V E E
H K K G L E O G V Q J C H L R Z H D R E
T H F Q S L C S D B B R O T H E R S Z R
N Y L J K Z S M C A C Z X Z F W M S Z S
K M A R T I N L Q R P R N R K V X E G J
N F N R H B A N D D O H G M F K T F A K
E Y O F H S M E G D E L N Z V C H N I X
N T T P H D G G X N N T E E Q K F O N J
A I S L L I L T W L F D A H M G M C L Z
R L O R L V E O R T K E R C C O M T L Z
C I B B V D D P O T Z V G T I A O N L C
R B O K D K M H Z V N T Z A T L B N S H
E O F I A F T J D T J Z D M I M P E M J
I M E E L R Q M O E E F F O C R L M Z J
S N R H A Y T Y Y R T C K Q J I R L O M
A B N E Z P R L L J M N N F N J H A N C
R Q E C N A T P E C C A L K N B C T M W
F R J L A U T C E L L E T N I N L L Q Q
```

FRASIER
PUZZLE #5

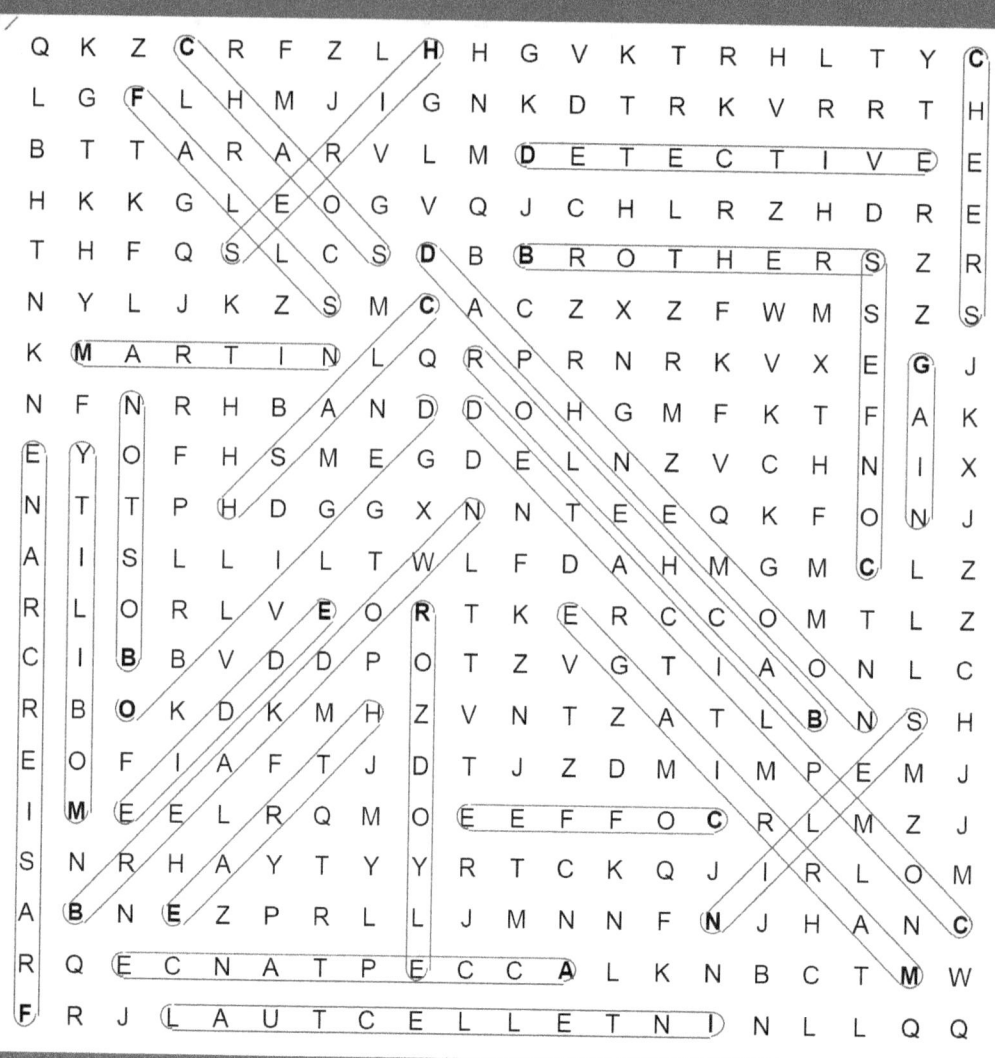

SOUTH PARK |PUZZLE #6

- ABSURDIST
- AGENDA
- ANTAGONISTIC
- ATTITUDE
- BASIN
- BEHAVIOR
- BLAND
- BLEEPED
- CARNIVALESQUE
- CELEBRITIES
- CENSORS
- CHEEK
- CONFUSED
- CRUEL
- DEFINITIVE
- DISTORTED
- ERIC CARTMAN
- EXPLOITS
- FOCUS
- FONDNESS
- FUNNY
- GAGS
- GULLIBLE
- KENNY MCCORMICK
- KYLE BROFLOVSKI
- _____

```
K B H R C E R I C C A R T M A N N L P Q
K W K X L S S E N D N O F A V Y P F W W
C N T D B L A N D M M D T B L K T R T Y
A L M L I C N F K M S R O S N E C M R P
R K R N T S M Y L M D V C U N K K R B N
N L E T Y P T T N F G E S R T Z N R M Y
I V V N R K L O O N L K G D R J R C I D
V T W G N V F C R E U X A I B F C K R E
A V R T T Y U M B T A F G S B M S E Z S
L R M W P S M R R G E J E T Z V M X N U
E C Q K N T I C E K E D L D O W R P I F
S H B T E T M N C L T N M L U O T L S N
Q S C L I E D D B O L M F T I T Y O A O
U R V E E A H I T W R O V V J L I I B C
E A S Y G E L C D R R M A M E R T T W R
Z M R N V L P P C B K H I U H K G S T K
L N B J U T K E E N E M R C N F R X M A
Z A Z G T N T L D B C C W D K R T R M N
K T F Y K Q Y F T R D E F I N I T I V E
P S J K F K P C I T S I N O G A T N A M
```

SOUTH PARK
PUZZLE #6

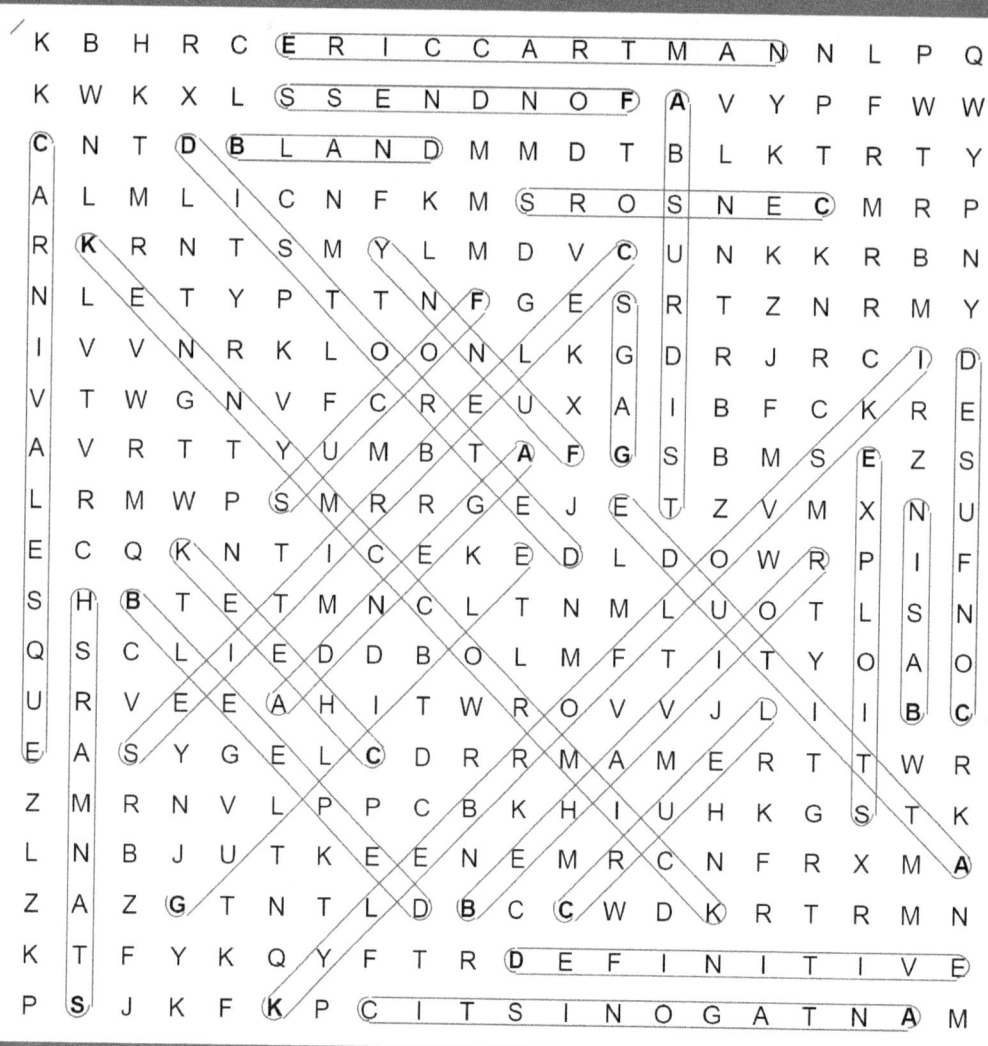

FRIENDS |PUZZLE #7

- ○ ADOPTION
- ○ ADVERTISING
- ○ APARTMENT
- ○ AUDITIONING
- ○ BARISTA
- ○ BOSSY
- ○ BROKE
- ○ CENTRAL
- ○ CHANDLER BING
- ○ CLUMSY
- ○ COFFEEHOUSE
- ○ DIFFICULTIES
- ○ DISPOSITION

- ○ DIVORCED
- ○ ECCENTRIC
- ○ ENTHUSIAST
- ○ HATES
- ○ HUMOR
- ○ JEALOUSY
- ○ JOEY TRIBBIANI
- ○ JOKINGLY
- ○ LOVER
- ○ MONICA GELLER
- ○ PHOEBE BUFFAY
- ○ RACHEL GREEN
- ○ _____

```
N E T Y D R Y J T N L H Y H F Z A P X M
X T S V D C C T O F O R A L D T W K T Q
L Y V U B O S S Y E E I K T S F C L P R
J Y N R O P Q K G V Y B T I E Q M H J H
X S V T D H C C O N B T R I Q S R U G D
C E G V D Y E L G W I A R O S P Q M F D
H I N D T Q N E T V B S J I K O R O Q V
A T E E N K T Q F X T E I R B E P R H G
N L E C E N R Z L F A R E T A B W S C T
D U R R M P A Y M L O L M U R C I P I P
L C G O T T L H O S L C D G M E P A T D
E I L V R Y Y U S E I I Y D L R V N X
R F E I A Z S G G R T R C N J D H D T I
B F H D P Y E A T I M H P R L L L W A D
I I C L A L C N O I T P O D A T W V L W
N D A D L I E N P H O E B E B U F F A Y
G W R E N C I K K M T T D C R F D D L K
L T R O C N L P W Y L G N I K O J R G R
T M M E G G R E N T H U S I A S T T Z V
X Y S M U L C T F M P K Z M G W N Q X H
```

FRIENDS
PUZZLE #7

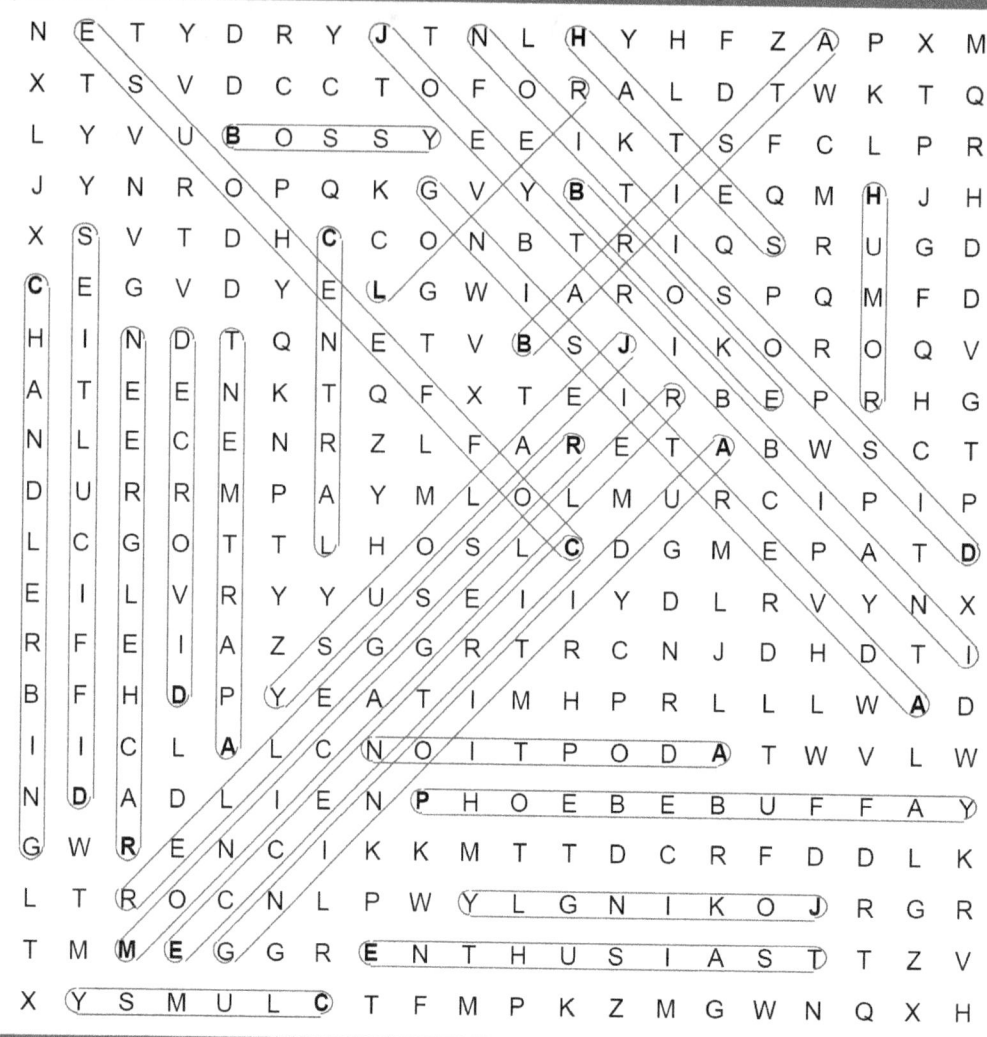

TWIN PEAKS |PUZZLE #8

- ADDICTED
- AFFAIR
- AFFECTIONS
- AFTERLIFE
- APPREHEND
- ARREST
- BANK
- BELIEF
- BENJAMIN HORNE
- BIKER
- BLOODIED
- BOBBY BRIGGS
- BORDER

- BRAIN
- BREAKDOWN
- BROTHEL
- CAPTURES
- CHARGES
- CHEATING
- CHEMICALS
- COCAINE
- CONFESSES
- CORPSE
- DALE COOPER
- HARRY TRUMAN
- _____

```
R M X M J J G R B R O T H E L K Q C N D
P D R K N Z K R V C R C P Q Q L P A N K
R S L A C I M E H C Q F H R K Z M E T V
T Y V W N B F N N R H N L A Z U H R W V
L M D E I D O O L B F Y Z M R E J P L M
S H E L L Y J O H N S O N T R G N D B V
L N S N P N B K Y H P L Y P N C E F E X
B B P N M L L K F J X R P W H C D S N F
B Y O R O V Q A N K R A O E M A B E J L
C A M B D I D M Z A L D A R E P X S A B
X Q N T B D T L H N K T R T F T H S M T
T T H K I Y B C B A I N E C I U X E I Y
E K T C T I B Z E N T K P X L R T F N K
T N T M K Z L R G F L V O T R E N N H B
R E I E F G B C I E F L O T E S I O O E
D E R A G N H B S G K A C X T P A C R L
R Z D Q C L N P P K G J E R F N R R N I
M K N R B O R D L V G S L T A N B R E E
C L H N O O C G N Z J F A C D R R N J F
T W W Q C B A R R E S T D B R I A F F A
```

**TWIN PEAKS
PUZZLE #8**

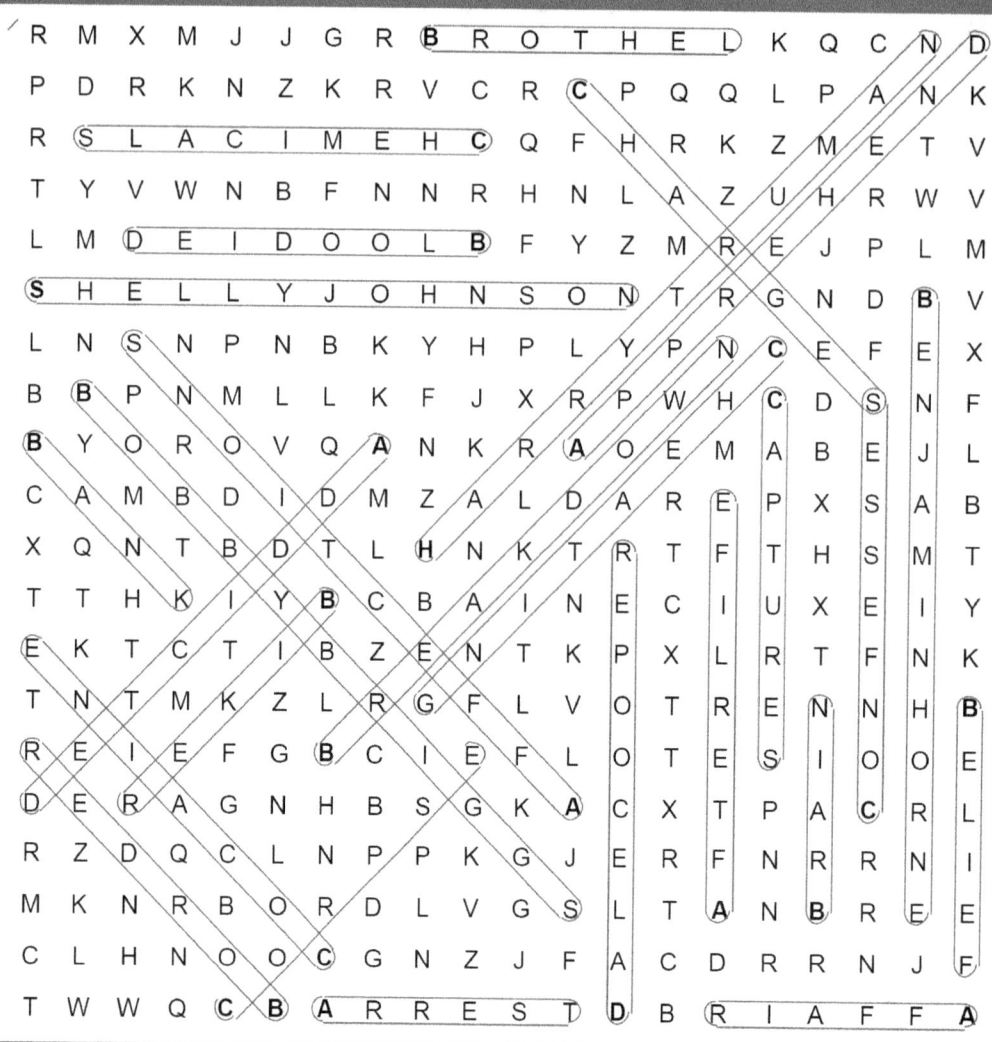

SEX AND THE CITY |PUZZLE #9

- ABORTION
- ADDICTION
- ADOPT
- ALCOHOLIC
- ALERTS
- ANGER
- ANGIOPLASTY
- APARTMENT
- APOLOGIZE
- ATTORNEY
- BANKER
- BARTENDER
- BENEFITS

- BREAKUP
- BUSINESSMAN
- CARRIE BRADSHAW
- CHARLOTTE YORK
- CHEATING
- CHEMOTHERAPY
- CLASH
- CLIMAX
- CONVERSION
- CRABS
- DETECTIVE
- MIRANDA HOBBES
- _____

```
G N H C A N G I O P L A S T Y M N W C A
D W M R C H A R L O T T E Y O R K N W P
R A Y T P O D A K B D W P T S Y B F G O
B H C H E A T I N G C U G E T P N A Z L
U S W A G Y Q M H N K D N P I A K B N O
S D R J P N H W B A G O D T F R R O T G
I A M R Z A G W E C J W D H E E H R A I
N R N I R D R R D A N N M N N H T T T Z
E B T O R E B T H C D M C J E T T I Z E
S E N J I A D T M R L L Z J B O M O R L
S I R X L S N N H E I A J D R M Z N R A
M R C L T A R D E M N J S N L E F W D D
A R V I M D J E A T D T E H K H L D R E
N A R A L L W X V H R Y Q F R C I K R T
G C S S L O N V L N O A G R T C M E Z E
D W M T C T H J D J O B B F T Q G R T C
D N R R R G L O C X R C B I X N N L L T
Q Y K E V C P G C T D C O E A B K H Y I
T M N L K Z Q R C L Y N Y N S B A R C V
P R M A N X K T P D A V L R E K N A B E
```

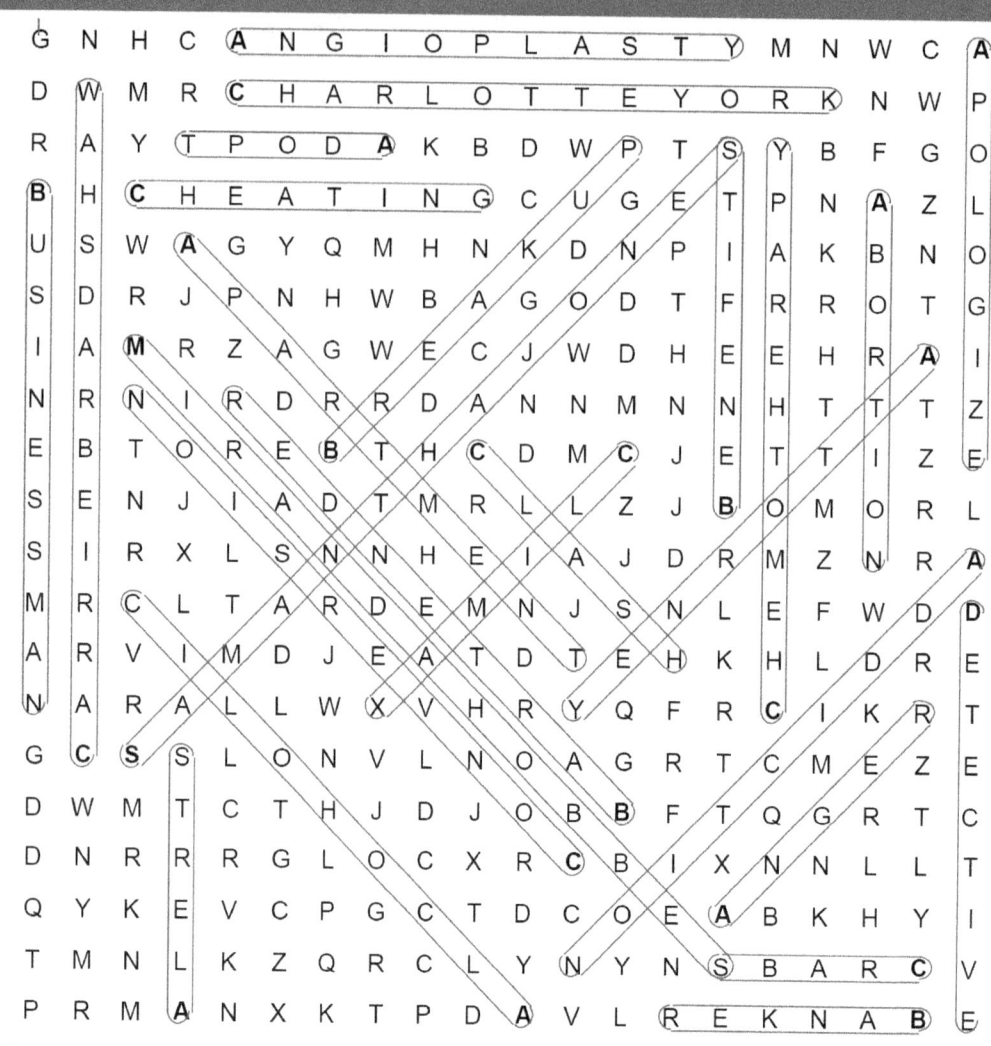

ANSWER KEY

BUFFY THE VAMPIRE SLAYER | PUZZLE #10

- ACADEMY
- ACCLAIM
- ANGEL
- ATTENTION
- BATTLE
- BUFFY SUMMERS
- CIRCLE
- CORDELLA CHASE
- CREATED
- CULT
- DARKNESS
- DEMONS
- EMPIRE
- FATE
- FURY
- LOYAL
- MUTANT
- REPORTER
- RUPERT GILES
- SCHOOL
- SLAYER
- TRAINS
- TRIBUTE
- VAMPIRES
- WILLOW ROSENBERG
- _____

```
M N G B H G M M M F C J R E Y A L S Y V
C Q B L B W I L L O W R O S E N B E R G
S M S N O M E D W L M K E L O Y A L D M
E B J C L B N R S K T Y K A R W T T H X
R X M O L T R N R T L M F L T V M D L X
I N D R G X F R E U C I R C L E N R R F
P V G D N J E D M M P Z M V H B D W T S
M X K E J P B T M N X E J I T R D M I F
A N T L N E J M U L F Q R N A K H R B D
V C Q L O R C M S B W H H T S L R P A W
K F C A I I U H Y Y I F Y C G A C R K R
N M T C T P L D F K Z R H L H I K C H E
P J L H N M T E F R L O T R V N L Y A P
M F N A E E L N U W O L E H E A R E N O
T U C S T T G B B L H D T S N U W V S R
T D T E T F A T T N N K S G F V H M T T
Y W N A A K M F K A B N E H Y B H B M E
Q P B Y N B Y M X W L L J Q Z T Y W L R
S N I A R T L Q J G W N T R R D K R H P
M L N F M Z F W K Y M E D A C A R Q V L
```

**BUFFY THE
VAMPIRE SLAYER
PUZZLE #10**

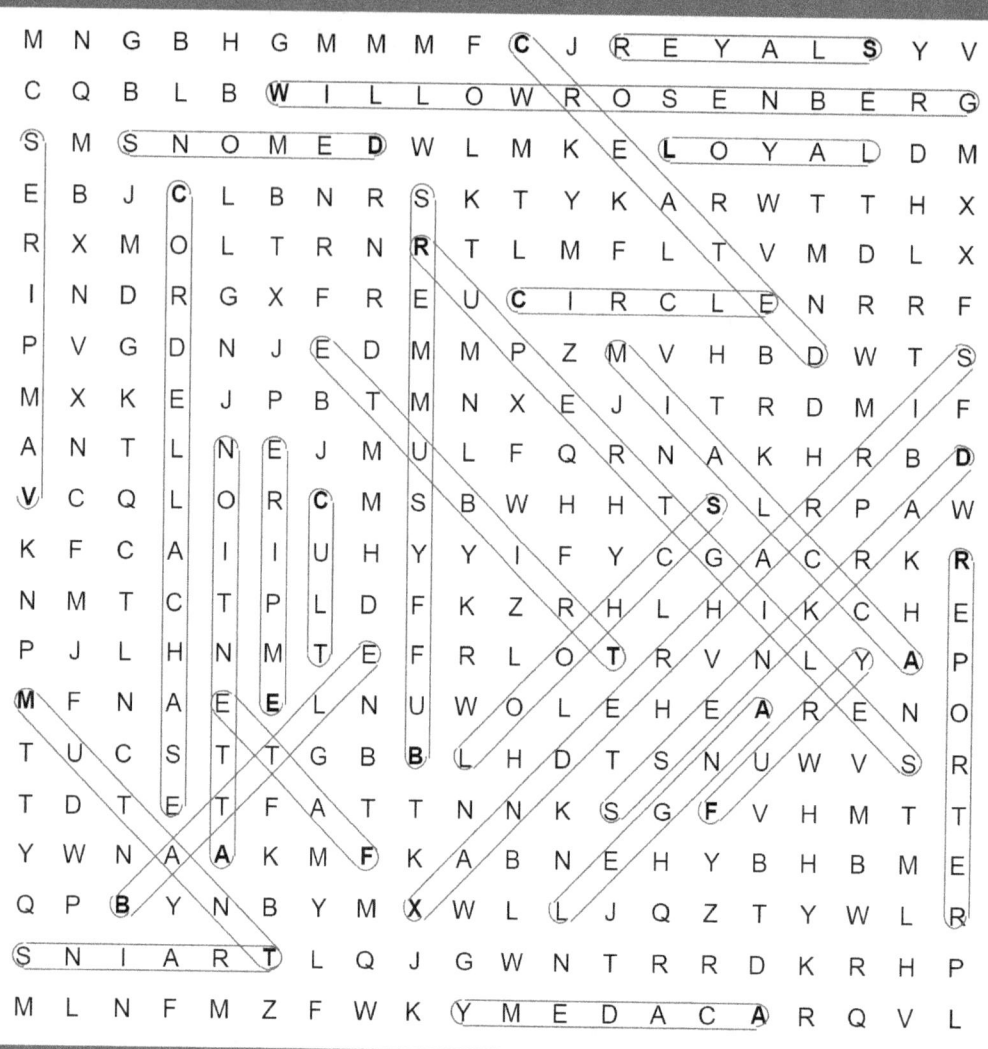

```
M  N  G  B  H  G  M  M  M  F  C  J  R  E  Y  A  L  S  Y  V
C  Q  B  L  B  W  I  L  L  O  W  R  O  S  E  N  B  E  R  G
S  M  S  N  O  M  E  D  W  L  M  K  E  L  O  Y  A  L  D  M
E  E  B  J  C  L  B  N  R  S  K  T  Y  K  A  R  W  T  T  H  X
R  X  M  O  L  T  R  N  R  T  L  M  F  L  T  V  M  D  L  X
I  N  D  R  G  X  F  R  E  U  C  I  R  C  L  E  N  R  R  F
P  V  G  D  N  J  E  D  M  M  P  Z  M  V  H  B  D  W  T  S
M  X  K  E  J  P  B  T  M  N  X  E  J  I  T  R  D  M  I  F
A  N  T  L  N  E  J  M  U  L  F  Q  R  N  A  K  H  R  B  D
V  C  Q  L  O  R  C  M  S  B  W  H  H  T  S  L  R  P  A  W
K  F  C  A  I  I  U  H  Y  Y  I  F  Y  C  G  A  C  R  K
N  M  T  C  T  P  L  D  F  K  Z  R  H  L  H  I  K  C  H  E
P  J  L  H  N  M  T  E  F  R  L  O  T  R  V  N  L  Y  A  P
M  F  N  A  E  E  L  N  U  W  O  L  E  H  E  A  R  E  N  O
T  U  C  S  T  T  G  B  B  L  H  D  T  S  N  U  W  V  S  R
T  D  T  E  T  F  A  T  T  N  N  K  S  G  F  V  H  M  T  E
Y  W  N  A  A  K  M  F  K  A  B  N  E  H  Y  B  H  B  M  R
Q  P  B  Y  N  B  Y  M  X  W  L  L  J  Q  Z  T  Y  W  L
S  N  I  A  R  T  L  Q  J  G  W  N  T  R  R  D  K  R  H  P
M  L  N  F  M  Z  F  W  K  Y  M  E  D  A  C  A  R  Q  V  L
```

STAR TREK: THE NEXT GENERATION |PUZZLE #11

- ALIEN
- ALLIES
- ANOMALY
- BRIDGE
- CAPTAIN
- COMBAT
- COMMANDER
- CONFRONTATION
- CONSPIRACY
- COUNSELOR
- CRUSHER
- DEATH
- DECLINING

- DEDICATION
- DISASTER
- DOCTOR
- EMISSARY
- EMPIRE
- EXTINCTION
- FEDERATION
- FREEDOM
- GEORDI LA FORGE
- JEAN LUC PICARD
- TASHAYAR
- WILLIAM RIKER
- _____

```
X K H C E Q D F V M P S E I L L A K P R
F H D G G B L I W V E R L F L M L N L C
H Q J Y D F H D S M L C B P D D E L R O
G R E R I P M E I A O D Q W D R X Q J N
C N D K R R V S N N S R R O O A T F K F
V O V C B N S Z S J E T T R C C I E L R
F L M T L A T P K K Y Z E F T I N D Z O
R N Y M R K I C I Z F L C R O P C E W N
E R M Y A R R R T T P W A H R C T R H T
E C V V A N M E G A L D Q M R U I A T A
D K R C P A D N H N S L T C O L O T A T
O L Y C I Y I E I S L H M Q F N N I E I
M P Y L X N C A R H U W A V Q A A O D O
M P L K I L T A N L Z R X Y W E L N T N
R I N L F P L G Q R C R C B A J L R C T
W Q C C A I N K N N T B M V H R R V K N
H E D C E G E O R D I L A F O R G E B F
D K P N N L F V Z R O L E S N U O C H M
K Z Y H Z C O M B A T X R K P Y N F J L
T D E D I C A T I O N W F Y T N T F P V
```

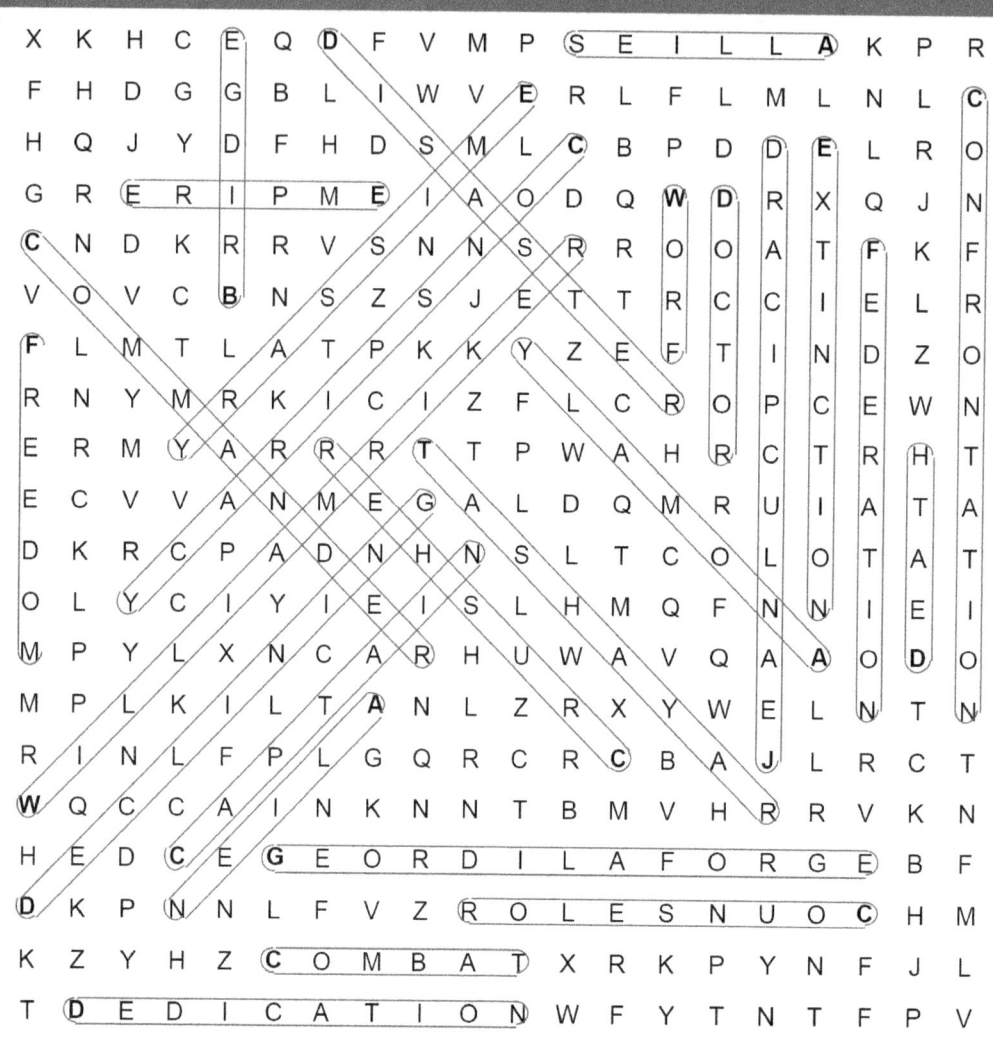

A
N
S
W
E
R

K
E
Y

THE SOPRANOS |PUZZLE #12

- ○ ACCIDENT
- ○ ACCOMPLICE
- ○ AFFAIR
- ○ AGENTS
- ○ ALTERCATION
- ○ AMBUSHES
- ○ ANEURYSM
- ○ ANONYMOUS
- ○ ARRESTED
- ○ ASSASSINATE
- ○ BACKFIRES
- ○ BENEFIT
- ○ BETRAYAL

- ○ BLOODSHED
- ○ BRAWL
- ○ BRIEFCASE
- ○ CAMERA
- ○ CANCER
- ○ CARMELA
- ○ CHEMOTHERAPY
- ○ CHRISTOPHER
- ○ CLANDESTINELY
- ○ CLEAVER
- ○ JENNIFER MELFI
- ○ JUNIOR
- ○ _____

```
T N X M K E T A N I S S A S S A N C N K
D C A M L Z M X B L O O D S H E D T V Y
M M H N N Y Z P M C A R M E L A D T L P
M S J R E R L K E C I L P M O C C A B A
L E Y P I U K G W G Z R D T J H Y N C R
R R B F Y S R A M B U S H E S A O C D E
L I R H L Z T Y G C N V Z J R I I K I H
A F I N E Q O O S R T M W T T D L F S T
N K E J N P N B P M L W E A E N L K T O
O C F K I R A N C H B B C N R E B Y N M
N A C R T C R N L C E R T M M I Y M E E
Y B A M S G P T J Q E R R R Y C A M G H
M B S L E L O W W T F B E T A H A F A C
O T E Q D M S T L J R F R M I R W L F M
U L K T N T Y A L U I E E A R F W Y L A
S K N R A T N M L N T R V E W X E J C L
Z C H X L G O Z N I A J S A M L B N C F
V H L H C G T E M O R T Y J E C L Z E L
R E C N A C J J V R E T M W Z L C R L B
M M V C C N J H F D L M H H T N C Z B F
```

**THE SOPRANOS
PUZZLE #12**

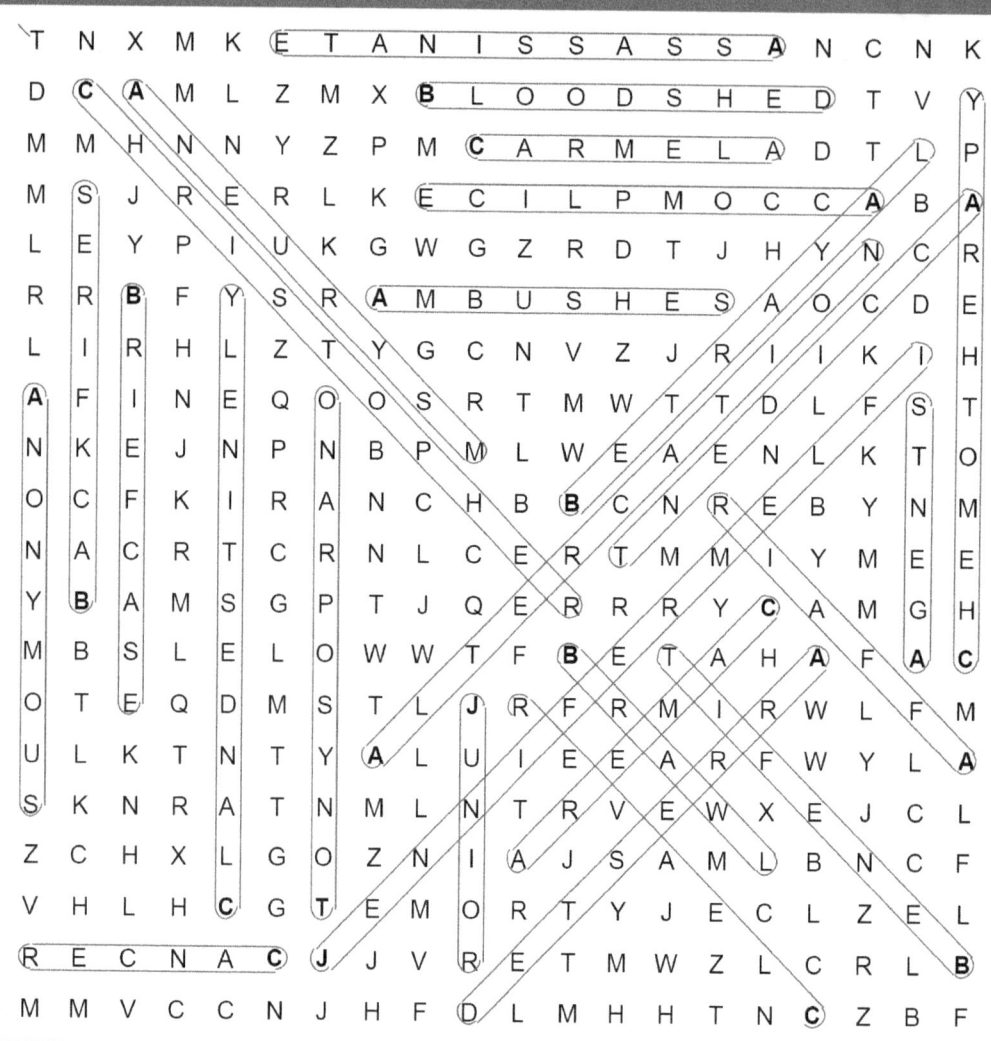

ALLY MCBEAL |PUZZLE #13

- ○ ALLY MCBEAL
- ○ ARGUMENTS
- ○ ASSOCIATES
- ○ ATTRACTIVE
- ○ BAR
- ○ BASIS
- ○ BITTER
- ○ BREAK
- ○ CLASSMATE
- ○ CLIENT
- ○ COURTROOM
- ○ DANCING
- ○ DEVICES

- ○ DIVORCE
- ○ ELAINE VASSAL
- ○ FETISH
- ○ FIRM
- ○ FLIRT
- ○ GAGS
- ○ GYMNASTIC
- ○ HARASSMENT
- ○ HORRIFIED
- ○ HUMOROUS
- ○ RICHARD FISH
- ○ VONDA SHEPARD
- ○ _____

```
X D C B V N T N H F E P R R F X R V D G
P M W D Z O K H N A R V W Z L K Q B G L
B P G H E L N D L M R H I N M F K A T S
C R M T N I H D X G A A Q T H M G C I R
R N E M M K F B A R N K S S C S D S X T
X L T A C P K I G S E I I S R A A P X R
Z Q H Q K Q G U R C H F C Q M B R J B B
L W T K M W M Y R R D E M N M E C T R J
Z L F J K E W O C R O W P L A N N G T L
G C G C N T V L A L T H R A R D Q T W A
R L T T H I I H Y M O O R T R U O C H E
A A S L D E C G B F F J L R K D Y X I B
B S F Y N I G S E T A I C O S S A S P C
B S S T R B W F E T I S H C Q G T U P M
H M E F K D F Y N M R L R F G L L O E Y
W A C G F E L A I N E V A S S A L R R L
L T I R R I I C I T S A N M Y G X O C L
X E V Q V Y R R B G L Y F T J N D M O A
B M E T J R T M C D Z J Z T X T D U N N
Q D D T L R C B Q B I T T E R D B H E Y
```

ALLY MCBEAL
PUZZLE #13

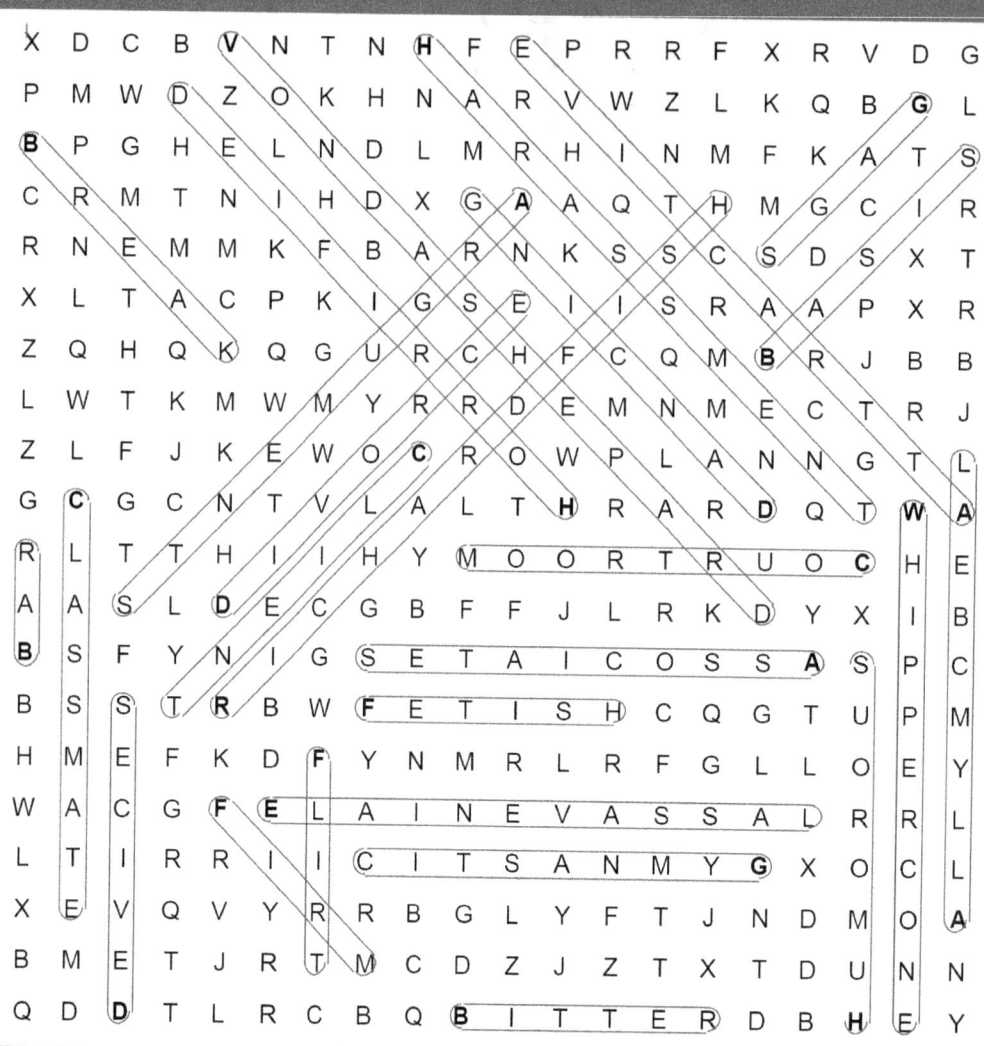

NYPD BLUE |PUZZLE #14

- ○ ABSENCE
- ○ ABUSIVE
- ○ ACCUSED
- ○ ADMITS
- ○ ADOPTING
- ○ ALCOHOLIC
- ○ ANDY SIPOWICZ
- ○ ARTHUR FANCY
- ○ ATTEMPT
- ○ BABY
- ○ BATTLE
- ○ BEHAVIOR
- ○ BURIED

- ○ CANCER
- ○ CAREER
- ○ CASE
- ○ COMMAND
- ○ COMPLICATE
- ○ CONFESSION
- ○ CONTRASTED
- ○ CONVICT
- ○ COURTHOUSE
- ○ DEALINGS
- ○ JANI CELICALSI
- ○ JOHN KELLY
- ○ _____

```
D E T S A R T N O C D R T L N X J Z L R
R A R T H U R F A N C Y K R X Q R R L K
S Y R J V T N L B W N Q F E T R E R B P
T R R F L E V I S U B A B C D E T L A M
I R O I V A H E B K T A R N R W T C B Y
M A L C O H O L I C T Y Z A K W O R Y L
D N K D L K K N T T F C C C G N V C V L
A M K N Z A V B L N I N R F F T J O K E
D X D T M W U E T W W N F E Q C A M E K
F F D Z C C G R O L R M S X R K N P S N
F L T D T Q L P A S N S K B R D I L U H
J N L Z H C I V G M I Y A C C M C I O O
R B V D D S I N W O I B C C M G E C H J
J A T L Y E I V N D S C T O N T L A T L
K K T D M L I J N E E J H I M T I T R P
D C N T A F D R N O T S T A Z M C E U Z
P A L E E P K C U K C P U C E G A N O T
Z R D G Y M E F K B O K C C R L L N C L
G R C A S E P Y D D D V R K C V S T D P
X M Q V F T N T A W K M M C L A I R Z Y
```

NYPD BLUE
PUZZLE #14

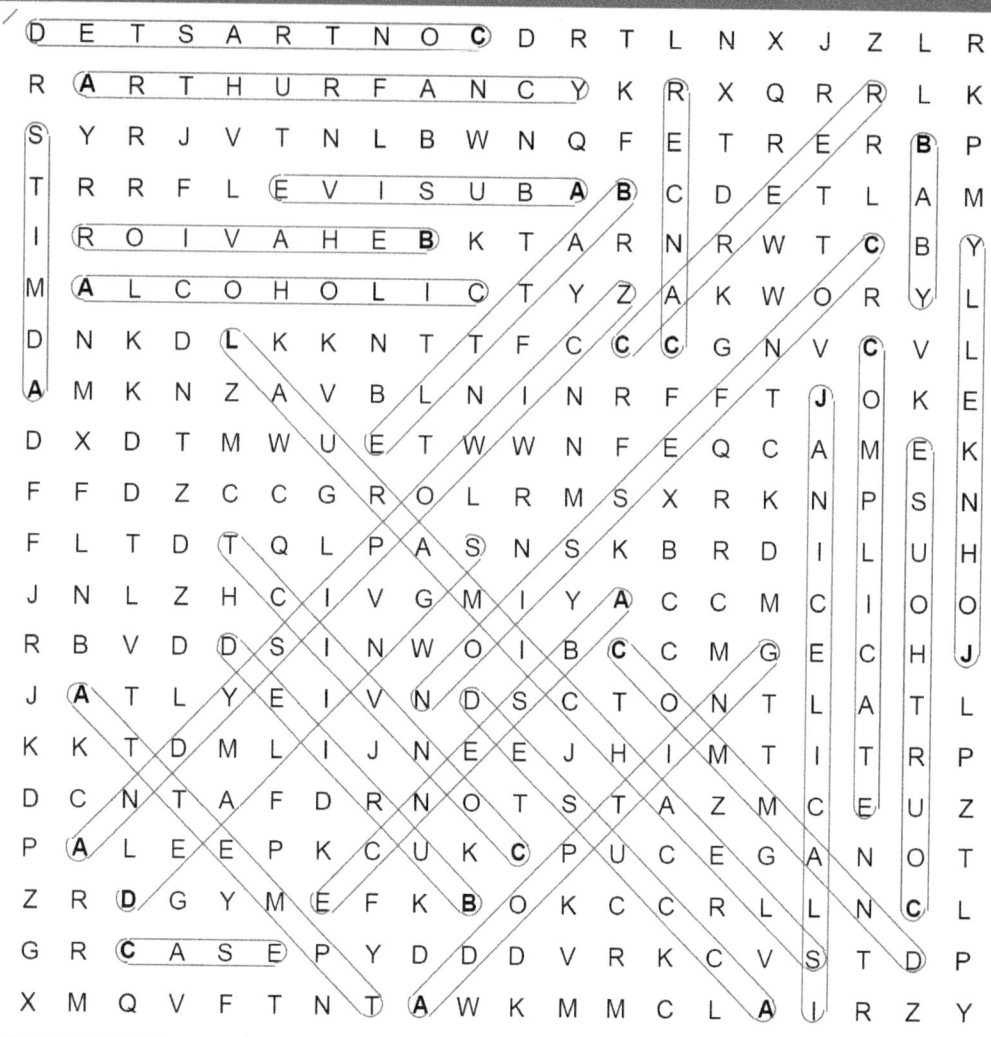

MY SO-CALLED LIFE |PUZZLE #15

- ○ ALCOHOL
- ○ ALIENATE
- ○ ANGELA CHASE
- ○ ATTEMPTING
- ○ AUDITIONED
- ○ BREADWINNER
- ○ BRIAN KRAKOW
- ○ CHALLENGED
- ○ CLOTHING
- ○ CONFLICTED
- ○ CONFRONTATION
- ○ DANGEROUS
- ○ DEMEANOR

- ○ DRUG
- ○ EMANCIPATED
- ○ EMBRYOS
- ○ FICTIONAL
- ○ FOSTERED
- ○ FROZEN
- ○ HALLOWEEN
- ○ IDENTITY
- ○ IGNORED
- ○ INTIMACY
- ○ PATTY CHASE
- ○ RAYANNE GRAFF
- ○ _____

```
Z E B R V C C G V G F S U O R E G N A D
K M E A G K G L K F N R E T A N E I L A
J A S Y Y Z F F O Y T I T N E D I T X K
F N A A C Y V R P T D W T M L H W N F R
R C H N A T L Q J M H E N P T F L L E D
C I C N M R H B R L F I R C M N P N L E
C P A E I M N P M O L R N O Y E N V C N
O A L G T G R L M A N P O G N I T O V O
N T E R N V V D N B M A F Z W G N T L I
F E G A I D V O H E R C E D E F I D A T
L D N F D Y I A S W C I A M R N T M P I
I G A F X T L A B S M E A O E R V J J D
C U V P C L H R O R R A N N Q D R C R U
T R C I O C F Y C B L T V J K D H M B A
E D F W Y M R X W C A B M Q V R V N L X
D Q E T N B C B O T R X Z C L J A G Q Y
H E T M M B X H I M M V R R K R K K K R L
N A N E F K O O N T F O S T E R E D O N
P M L R J L N J C H A L L E N G E D Z W
F T Q H R I C K I E V A S Q U E Z K B M
```

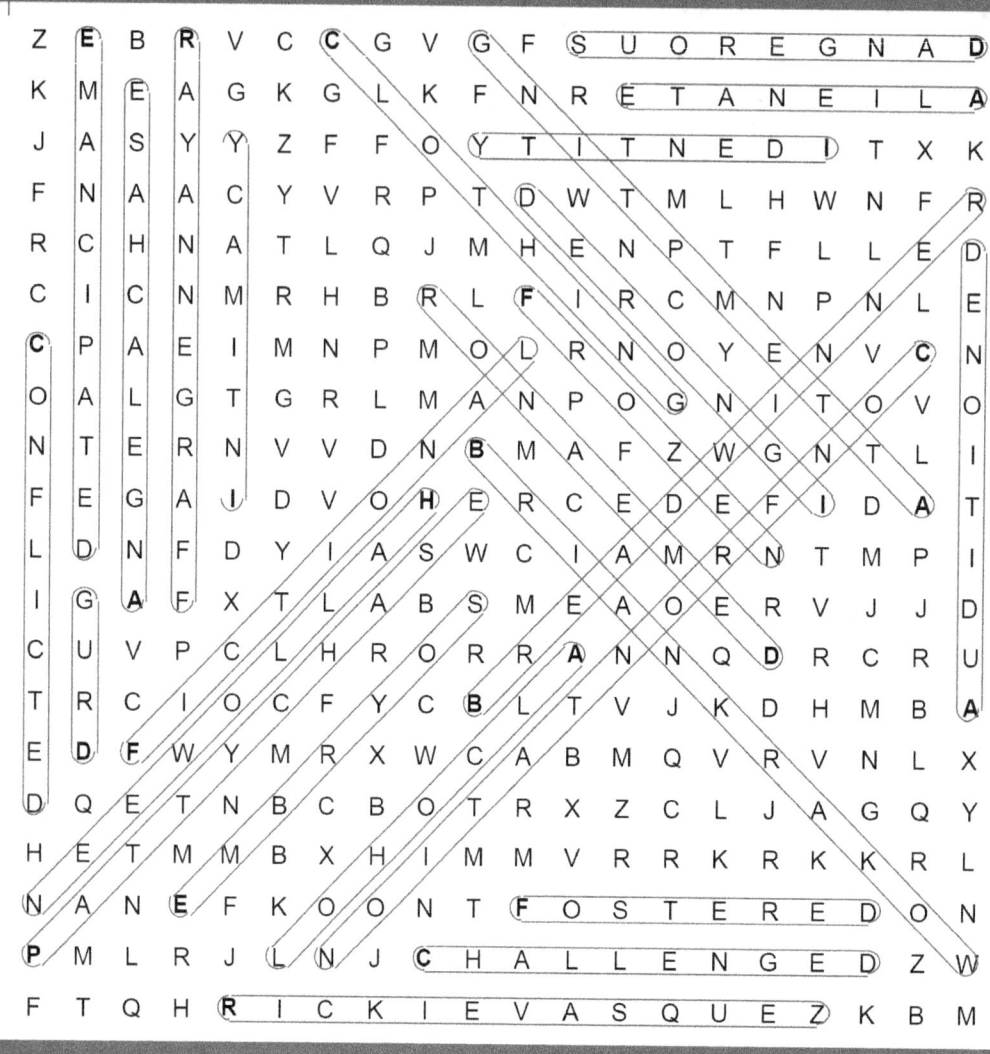

ANSWER KEY

THE X-FILES |PUZZLE #16

- ABDUCTION
- AGENTS
- ALIENS
- ASSIGNMENT
- ASSISTANT
- BEINGS
- BELIEVE
- BIOLOGICAL
- CASES
- CIGARETTE
- COLLABORATION
- COLONIZATION
- CONSPIRACY
- CREDULITY
- CRIMINAL
- DANA SCULLY
- DEBUNK
- DEDUCTIONS
- DESTROY
- DETECTIVE
- DISFIGURED
- ESCAPE
- FOX MULDER
- JOHN DOGGETT
- MONICA REYES
- _____

```
T N N R M C N O I T A Z I N O L O C B D
N Y O P Z H R Z C R I M I N A L W P I E
E Y I P L Z M Y C A R I P S N O C R O S
M S T N E G A H E C B T G R K G D E L T
N M A W A L T E R S K I N N E R M D O R
G O R M J R M Z K L C K Z T X K B L G O
I N O M F O J M P N T A Y T V F L U I Y
S I B V J C H K B N U L P Y C M Z M C P
S C A D D B H N A E L B T E S D L X A C
A A L T X P R T D U L N E N F F Z O L Z
H R L B C F S C C O Q I O D K B Y F M H
L E O Z D I A S C A G I E K B E I N G S
D Y C T S S A R B D T G T V S X W K P C
C E M S E N E D K C R Q E G E N Z T T H
X S A S A D U N U D T D N T R N E C L Q
P M C D U C M D T M P K L F T H T I K V
W N H L T Q E T E T T E R A G I C L L G
Q B I I L D W H L C T V M L H C K N K A
J T O L D I S F I G U R E D R Q V K H T
Y N Y V J N B D E T E C T I V E L Y M N
```

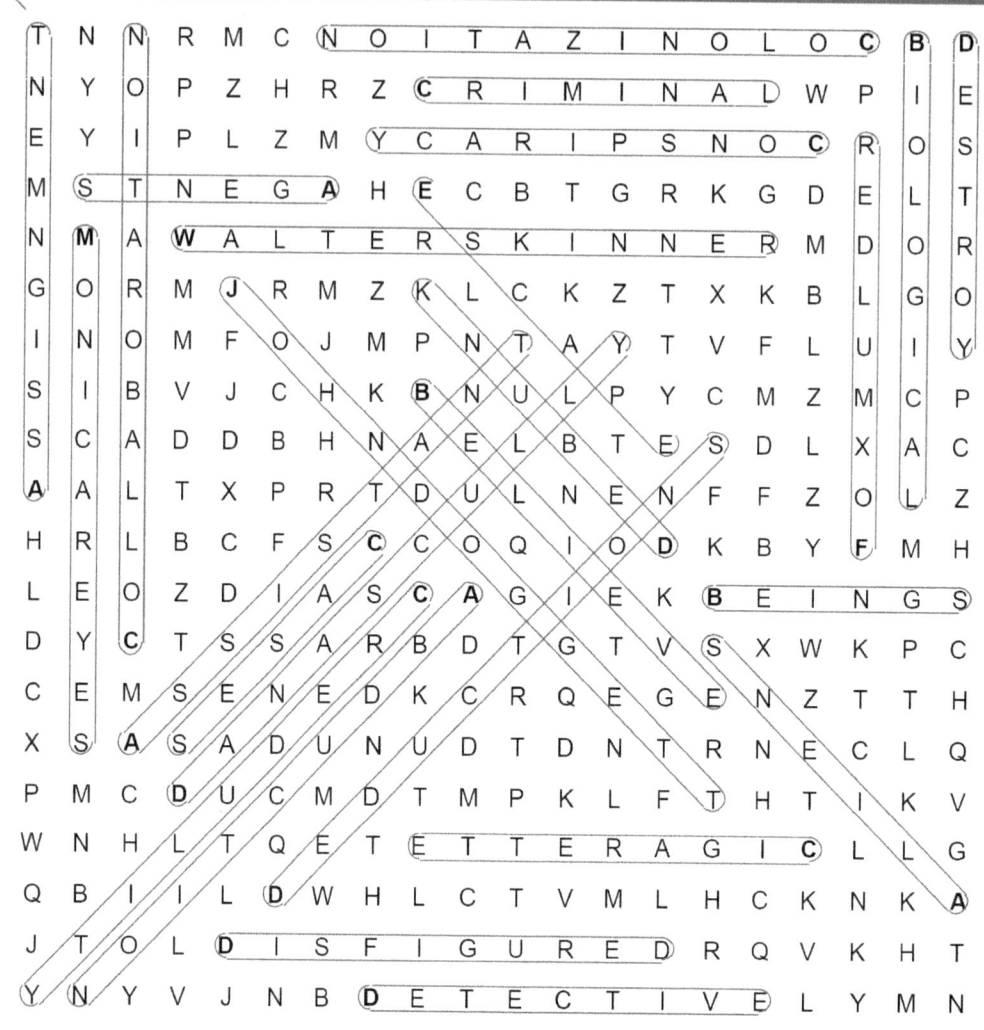

ANSWER KEY

EVERYBODY LOVES RAYMOND |PUZZLE #17

- ○ ABSENTEE
- ○ AGGRESSIVELY
- ○ ANNOYANCE
- ○ APARTMENT
- ○ ARGUMENTS
- ○ AVOIDS
- ○ BURIES
- ○ CARING
- ○ COMPLAINTS
- ○ CONFLICTS
- ○ CRITICIZING
- ○ DEBRA
- ○ DEMONSTRATE

- ○ DISAPPROVAL
- ○ ENERGY
- ○ FAVORITE
- ○ FIERY
- ○ FOCUSING
- ○ FORCED
- ○ FRANK
- ○ FRAUGHT
- ○ INCAPABLE
- ○ INSULTING
- ○ MARIE
- ○ RAY BARONE
- ○ _____

```
F L J P Y Q A V O I D S V E N E R G Y Z
S T C I L F N O C D K B T M L L G Z M K
D J N V L K W N W L Q E N F Y Q J L W X
T R X H F G T A F L N N E K R N F H E B
T R L Z T N B Z I V K O M J Y H L F L F
Z K O J K S L E E G P R T G R K D E B F
L G L B E N I L R F B A R N N G T T A R
Y L N N E R R K Y C R B A D E B R A P C
N F T I A R T G O B L Y P M Q L G R A A
M E A M Z K T M Y A B A A L F N J T C R
E E W V G I P C V L F R S L I L K S N I
D R C H O L C O H O N T T T F L D N I N
R Z M N A R R I C A N B L H J C K O F G
L Y R I A P I U T E R U U R G R W M R J
R L N Z P Y S T M I S L Y R N U Z E A Q
L T P A T I O U E N R L E K I W A D N X
S X S T N Z G N I T T C W S K E R R K X
L I Y G D R Z R N T D E C R O F S Q F L
D B Y G A R Z C X A D R P H C R D F X L
K Y Y L E V I S S E R G G A H W G M M V
```

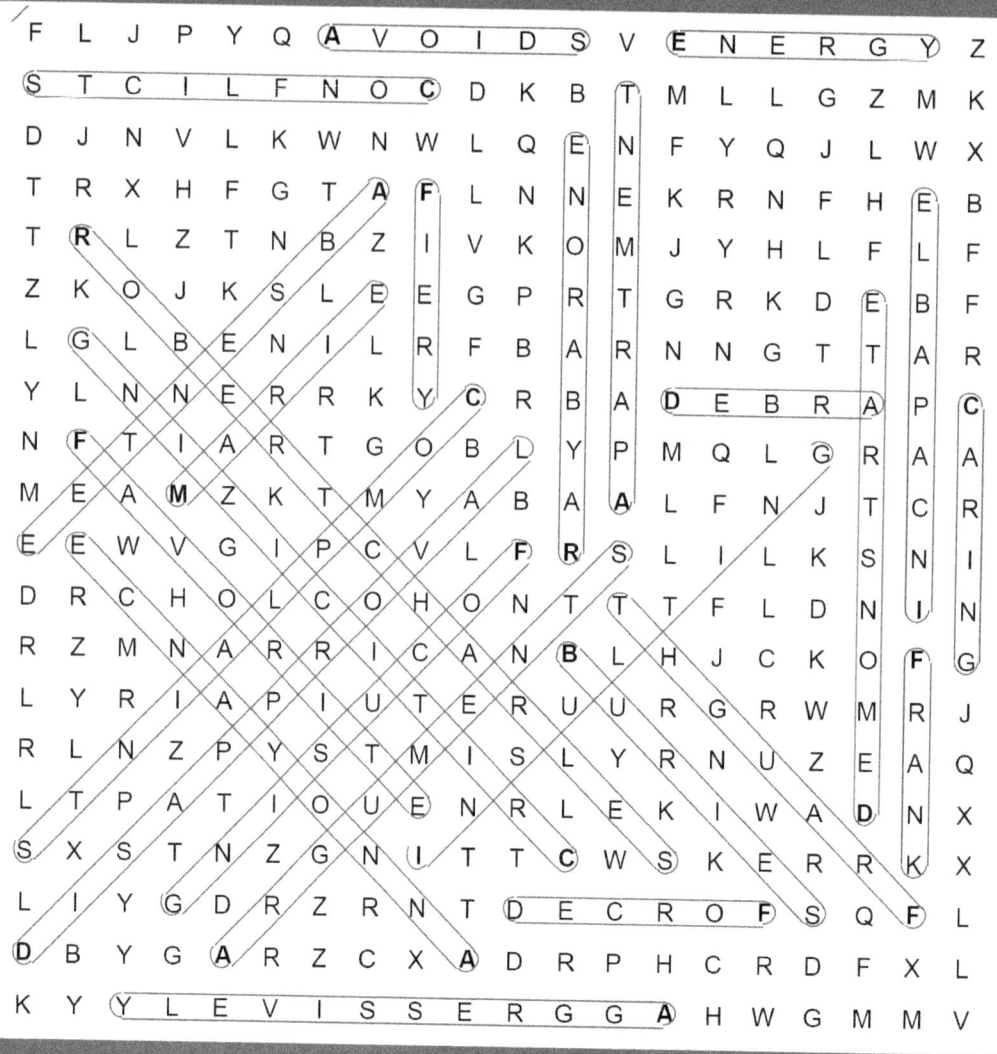

SPORT NIGHT |PUZZLE #18

- ABANDONED
- ANCHOR
- AUDIENCE
- BAR
- BASKETBALL
- BROADCAST
- BUREAU
- CABLE
- CASEY MCCALL
- COMMUNICATION
- COMPETITIVE
- CONFIRMED
- DANA WHITAKER
- DAN RYDELL
- DEBUTED
- DESPERATE
- DIVORCED
- EXPOSES
- FINANCIAL
- FLIRTATION
- GRADUATE
- HUMOR
- INSPIRED
- JEREMY GOODWIN
- JOURNALIST
- _____

```
C D D T T S I L A N R U O J R M L W N F
T Q L E X P O S E S Z L N B A X L B A E
D E R I P S N I T Z P M M D B Y E X T T
Y C K V V D E M R I F N O C Z Z D H A A
J B M H T J T K G N N M N T H L Y F L R
X E U R D A N A W H I T A K E R R N I E
C N R R E V X F Z W M B J Y M L N H E P
O M Q E E C G N D T A T L V L L A P H S
M V G F M A N L J N L D L A M L D C U E
M K R L R Y U E D F E J C D L R O R R D
U X T I V C G O I C I C R A E M L G L Q
N H Z R H R N O R D M N B T P T R C E N
I T F T M E Q O O Y U T A E G A U A Y B
C B P A D Y V Q E D E A T N D Y Z B N Z
A Y M T Q I F S Z K W I N U C J C L E Y
T K C I D D A K S C T I A L Z I X E T D
I N R O H C N A N I L T N L N B A J X M
O L Y N L P B N V C E R K N F M C L J T
N Q F T Q G M E K L R O M U H V R F M T
P L K Z B T C B B R O A D C A S T N N Y
```

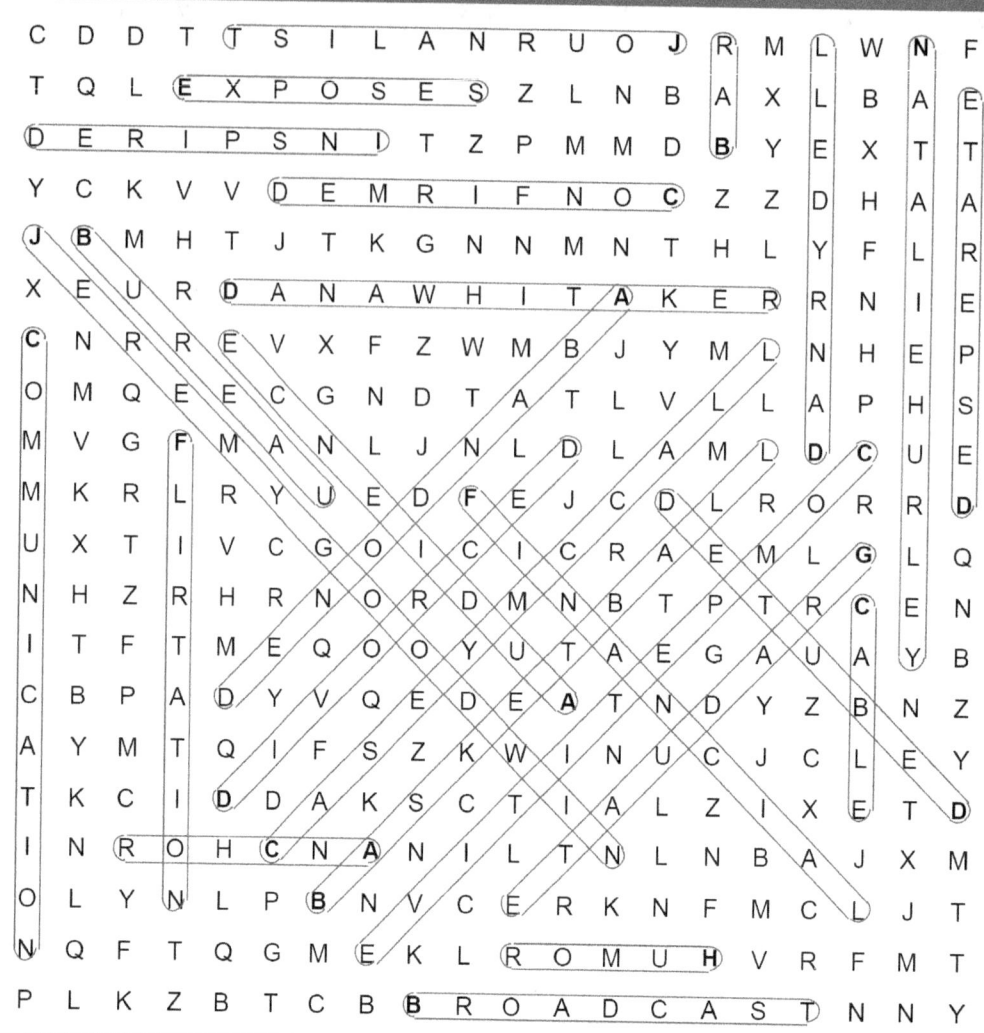

A N S W E R K E Y

NEWSRADIO |PUZZLE #19

- ABOARD
- ABSURD
- AFFINITY
- ANCHOR
- ARCHENEMY
- BARING
- BEASTIE
- BILLIONAIRE
- BILL MCNEAL
- CALCULATIONS
- CATCH
- CHEWS
- CLUMSY
- CONVERSATIONS
- DAVE NELSON
- DECISIONS
- DENTISTRY
- DIALOGUE
- DISGRUNTLED
- EGOCENTRIC
- EMBARRASSING
- ENSEMBLE
- FANTASY
- JIMMY JAMES
- LISA MILLER
- _____

```
J T Z H S N O I T A S R E V N O C M T N
V N C R M C I R T N E C O G E N N N C R
M B A R I N G Q G N N V Q L C C K M S F
M L B K W M M H K G Y A M A D Y T E Y S
K B M E K Y M A K R B T L T M G M B N L
D I D K A N B N T O D C I E L A C O R Y
E L G D Y S C R A T U I N N J G I M L S
L L C Y N H T R F L H E A Y I S M P L M
T I T K O D D I A L H E M L I F J X I U
N O F D S H H T E C L M W C O G F P S L
U N V B L T I T R J I Z E B C G L A A C
R A R L E O X A N J X D T V R D U V M Q
G I O L N N E L B M E S N E P O D E I L
S R H S E B I L L M C N E A L Y C W L D
I E C T V X Y Q C H T R M H S K Y K L J
D Y N H A N Y F A N T A S Y F W T R E M
N J A P D D R U S B A M M M B X E D R T
E M B A R R A S S I N G R K P P T H C K
M Q C D E N T I S T R Y X N J D C Z C J
G Y N X K T B T N H C T A C X H R J T X
```

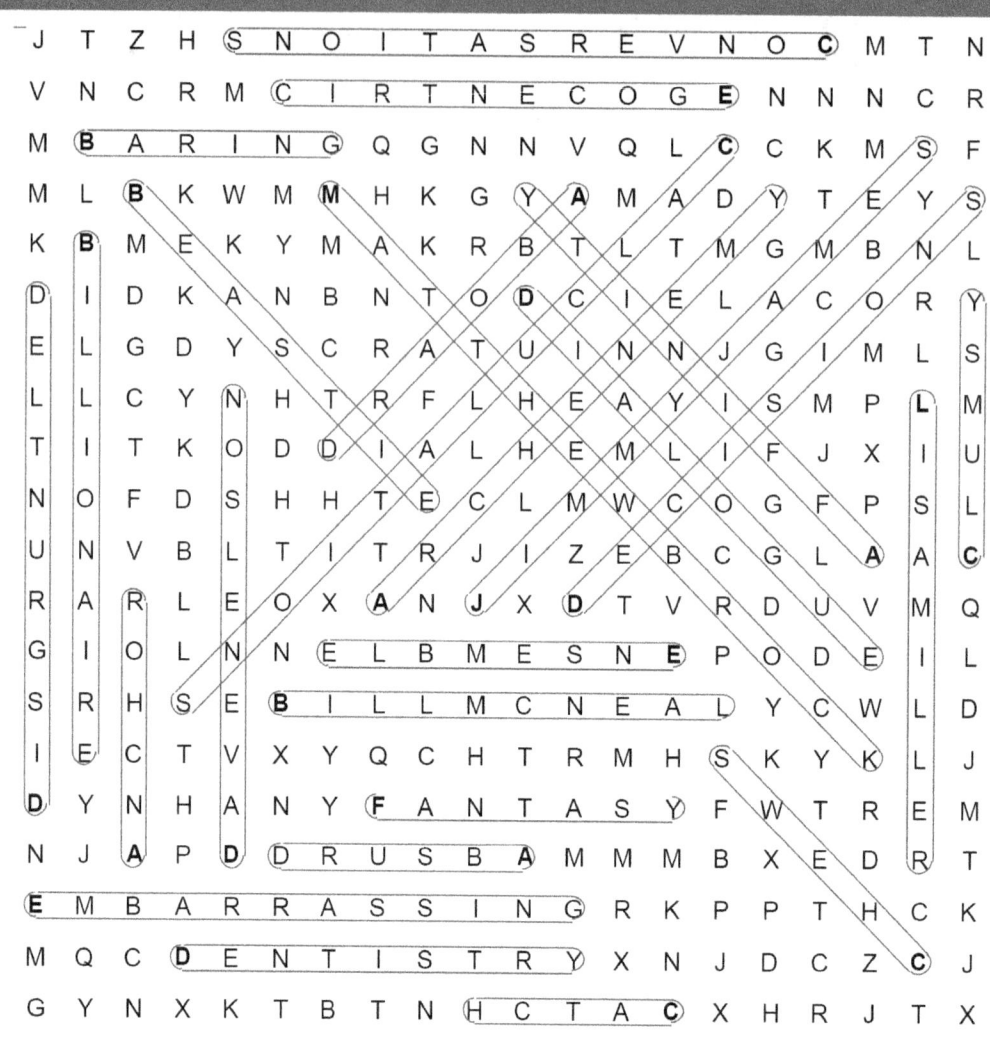

CHEERS |PUZZLE #20

- ○ ACADEMICIAN
- ○ ACCOUNTANT
- ○ ADDICTION
- ○ ALCOHOLIC
- ○ BARTENDER
- ○ BEHAVED
- ○ BIGAMY
- ○ BLOND
- ○ BRUNETTE
- ○ CARLA TORTELLI
- ○ CHEERS
- ○ COCKTAIL
- ○ CONFUSE
- ○ CUSTODY
- ○ DECORATOR
- ○ DEPICTION
- ○ DIANE CHAMBERS
- ○ ERNIE PANTUSSO
- ○ EXCHANGING
- ○ EXPERIMENTAL
- ○ FERTILE
- ○ FLINGS
- ○ FRUSTRATED
- ○ HOCKEY
- ○ NORM PETERSON
- ○ _____

```
D D R X Y K C K D E T A R T S U R F C B
K E N H R T N A T N U O C C A R K F I L
X S P G D E C O R A T O R S L K N E L C
N U Y I L C Q Y Z L X L R H F L L R O N
X F N E C Q B H Y V A E B L K A M T H O
E N C O K T M I V M B T I W T V R I O R
N O Z V I C I L G M L N O N M E K L C M
O C T D C T O O A A G I E R D J R E L P
L N F F F D C H N S M M A N T Y L A A E
A J B H G W C I B N I Y E T Y E C K D T
M L D H K E N R D R T T Y D K A L F R E
M X N C N P U J E D R G O C D C M L R R
A C T A R N B P R A A T R E N B O Z I S
S J I F E L X V B T S K M B P L N C T O
C D M T L E N P B U K I P Q Q O D D G N
Q C T S R E E H C B C Y L R P N N L R L
M E K N M Q R T N I Q R P P N D C N N G
Q R B K H Z H D A M L B E H A V E D H K
J F E X C H A N G I N G K Z L T V L M P
H T J P E R N I E P A N T U S S O M P R
```

CHEERS
PUZZLE #20

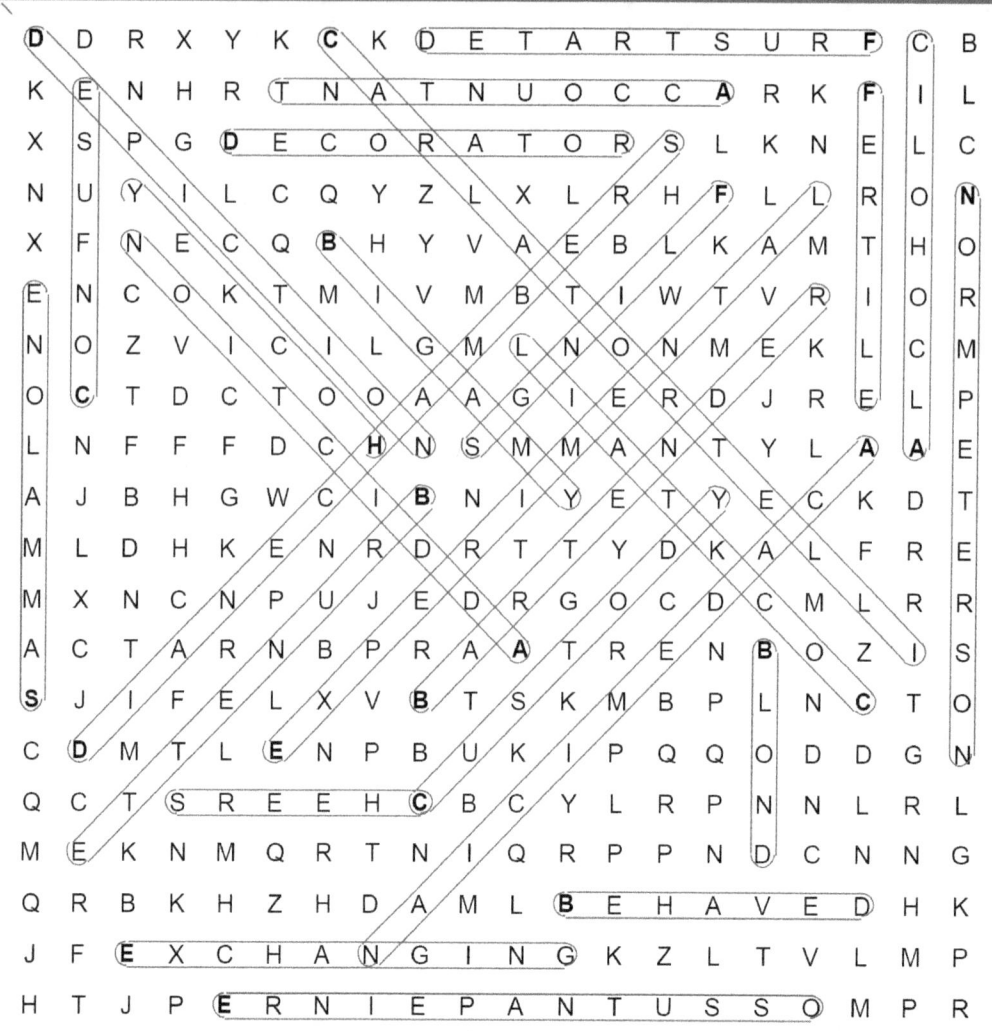

FREAKS AND GEEKS |PUZZLE #21

- APPEARED
- ATTEMPTING
- BROADCAST
- CAMPAIGN
- CAREERS
- CHEERLEADER
- COMPLETED
- CONSTITUTE
- CREATED
- CRUSH
- DANIEL DESARIO
- FICTIONAL
- FREAKS

- FRICTION
- GEEKS
- GUIDE
- KEN MILLER
- LINSAY
- MAGAZINE
- NAVIGATE
- NEAL SCHWEIBER
- PERSUADED
- PROFICIENT
- REBELLIOUS
- RELIGIOUS
- _____

```
N T M C C H E E R L E A D E R L T C Z M
C E H D G N I T P M E T T A L T K T J A
S N A R T K D A N I E L D E S A R I O G
V U F L T S B P G E E K S Y Z Y C J X A
H M O H S C A T N E I C I F O R P N B Z
Y Z N I T C Q C X H G J V T D G O T R I
Y N V N L R H L D F M N R E Y I U R N N
A C V N C L H W M A A C D K T D A I N E
S O L R J Y E B E V O A O C K P M R D P
N N W Q R F Y B I I U R I M P M I T K E
I S S K L R D G E S B R B E P E Z C K R
L T U L N H A K R R F E A M W L R B K N
N I O L A T Z E T M W R R M T E E S T M
G T I N E N P N F V E M A J A Q R T K M
I U G S T P O M T D W S V T M E L T E C
A T I K N C Y I R C P H E B E H V M M D
P E L A T H K L T L N D G R M Z Q W P X
M W E E H N H L J C Y R A D K L L G Q J
A L R R K L N E Q W I C K H S U R C H N
C Z X F M L L R G K L F T Y G D X C J N
```

FREAKS AND GEEKS
PUZZLE #21

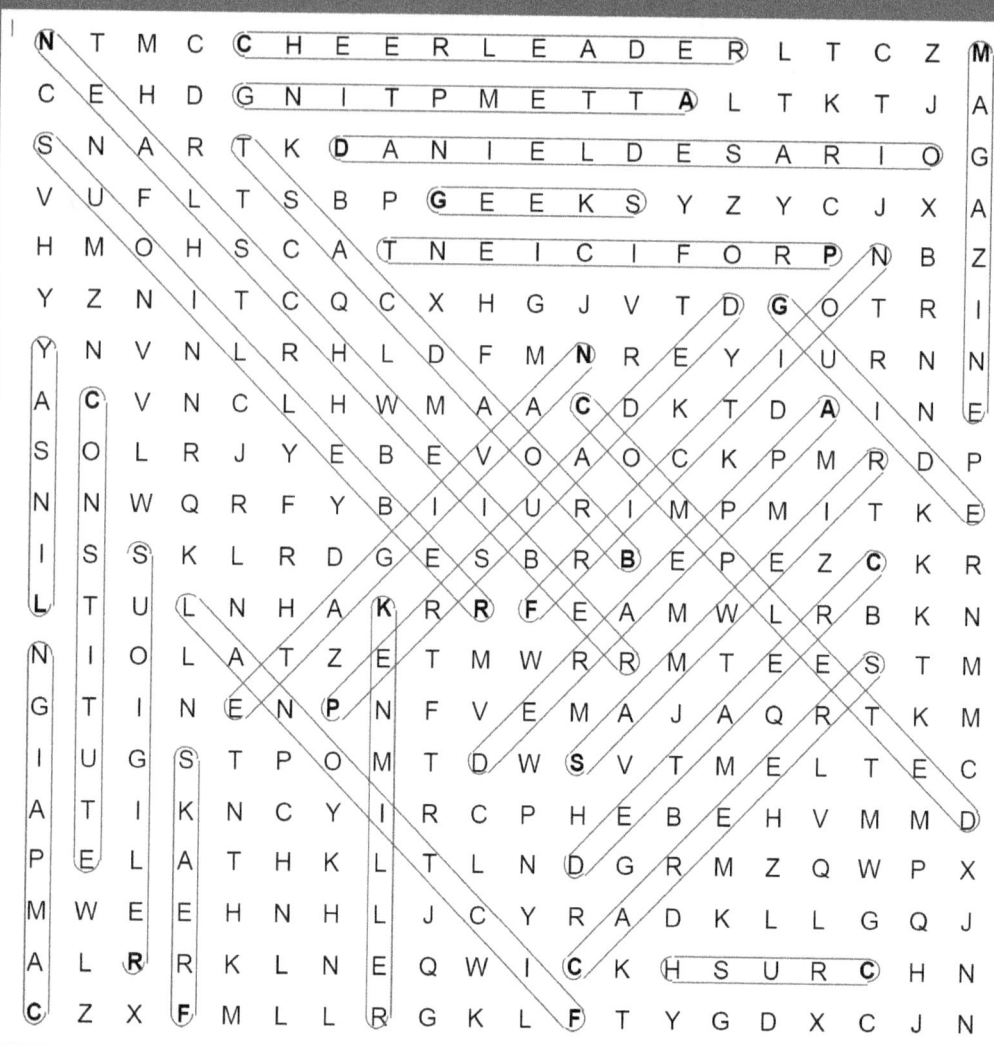

ANSWER KEY

ROSEANNE |PUZZLE #22

- ○ ADJUNCT
- ○ AGENT
- ○ ATTITUDE
- ○ BLOCKS
- ○ COLLAR
- ○ DAN
- ○ DARLENE
- ○ DISTINCTIVE
- ○ DJ CONNER
- ○ DOMESTIC
- ○ ENVISIONED
- ○ FALLOUT
- ○ GODDESS

- ○ HEROINE
- ○ INCOME
- ○ INSPIRED
- ○ ISSUES
- ○ JACKIE HARRIS
- ○ JOKES
- ○ NOTABLE
- ○ OUTSPOKEN
- ○ OVERWEIGHT
- ○ PHOTOGRAPHED
- ○ PREGNANT
- ○ ROSEANNE CONNER
- ○ _____

```
K O G R E J N R F E K M J I S S U E S C
Y V P N X D A F K J N Z Z K R R L R T N
S E G F I L U R M O T I F X C K E E P O
K R R Z L L F T U G D Y O G N D N N H T
C W W O M C G T I E B T K R J M V N O A
O E C C Z Z S G R T R P C F E P I O T B
L I M D R P A I U J T V R T V H S C O L
B G K T O D P L W R Z A H M F Q I E G E
N H K K J S K W K L T N L A P S O N R B
F T E U N W G H D Y W S L M I K N N A R
X N N I L Y Q Y T W J L G R P N E A P K
C C S S E D D O G T O X R E C L D E H N
T D J C O N N E R U Q A D M Y M P S E M
T D V M L R C D T R H F T O Z J Z O D M
M A R T N E G A R E W Z X C M M O R V P
K R Y G M V Z B I M P D L N X E T K Q G
T L N K Y Y R K Z C K F A I R G S N E W
B E Q B F B C B L V T K K N T R J T L S
B N B P V A T N A N G E R P R R L L I K
T E B R J H N H D I S T I N C T I V E C
```

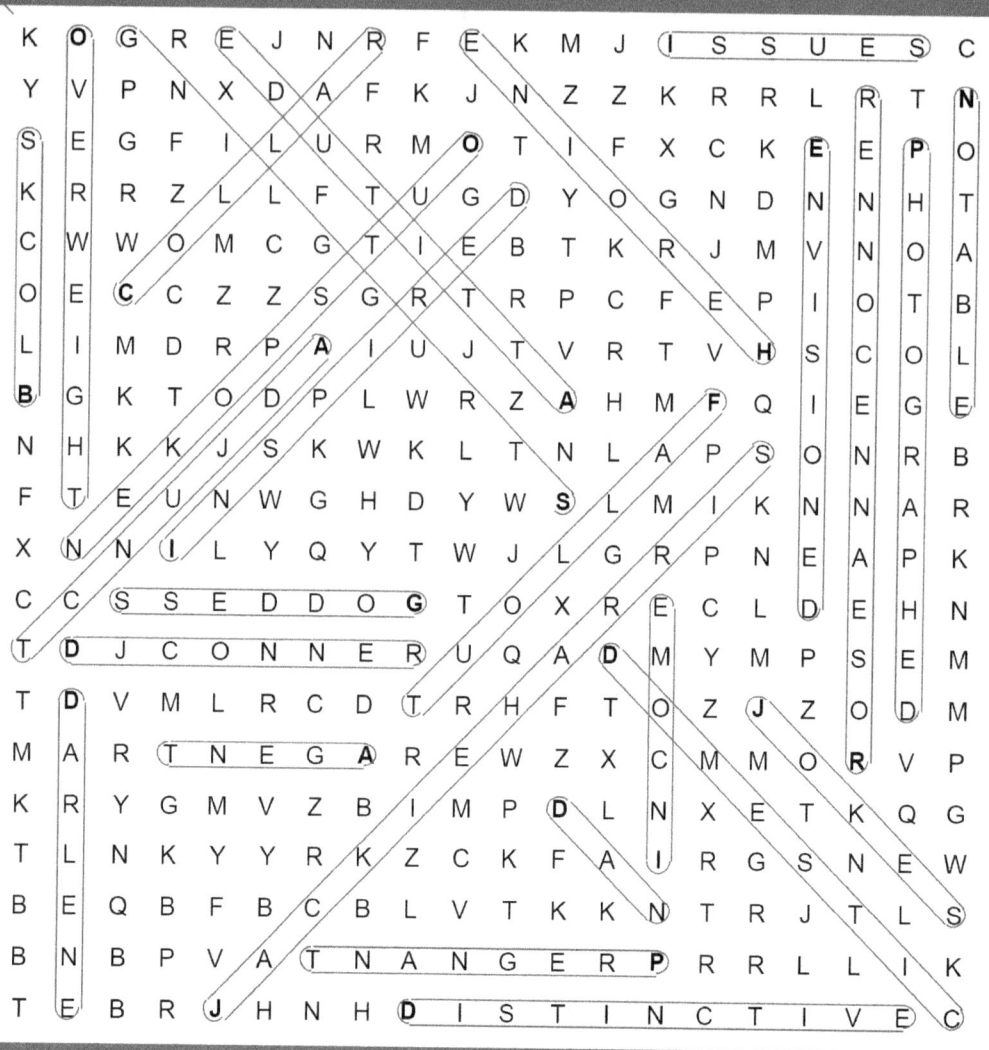

FUTURAMA |PUZZLE #23

- ABANDONED
- ABUSE
- ACCIDENT
- ACCOUNTANT
- ADOPTED
- ALIEN
- AMPHIBIOUS
- ANATOMY
- BENDER
- BLUNT
- BRILLIANT
- BROKE
- BUMBLING

- BUREAUCRAT
- CHAMPION
- CLONES
- COMPETENT
- COURAGE
- CRUISERS
- CRYOGENICS
- DECAPOD
- DEVOURING
- JOHN ZOIDBERG
- PHILIP FRY
- PROFESSOR HUBERT
- _____

```
A D D G T Y X X G N S R E S I U R C X G
N O E J A N L B T N A I L L I R B V H N
A P T B B Y A M R C W R M F L A N T Z I
T A P R A R Z T L L P K C R L N F K K L
O C O G N F G X N N A O X E L L K T N B
M E D X D P N J H U U M E R T K A K P M
Y D A L O I R M O R O L P T R R X G R U
L S R N N L T N A H A C G H C E N T G B
C Y C D E I N G M G N B C U I I K K Z B
O K Q I D H E R N C L Z A A R B F O Y D
M T C K N P Q A Z U K E O U P R I N R X
P L M L C E R T N V R D O I K T E O J B
E X K T O U G T Y U W V Q N D I C Z U Q
T R M K T N Z O B J E Z T Z L B Y L D S
E Q B E N D E R Y D F J N A T C E R D K
N P R O F E S S O R H U B E R T R R A Z
T J L Y G J M H N Y C F Q Q K X T B G R
T J L T J T N E D I C C A G X K U H N P
K T R T R H J D K G R G L C T S Y T X J
K V L C H A M P I O N M W Y E T K C T K
```

FUTURAMA
PUZZLE #23

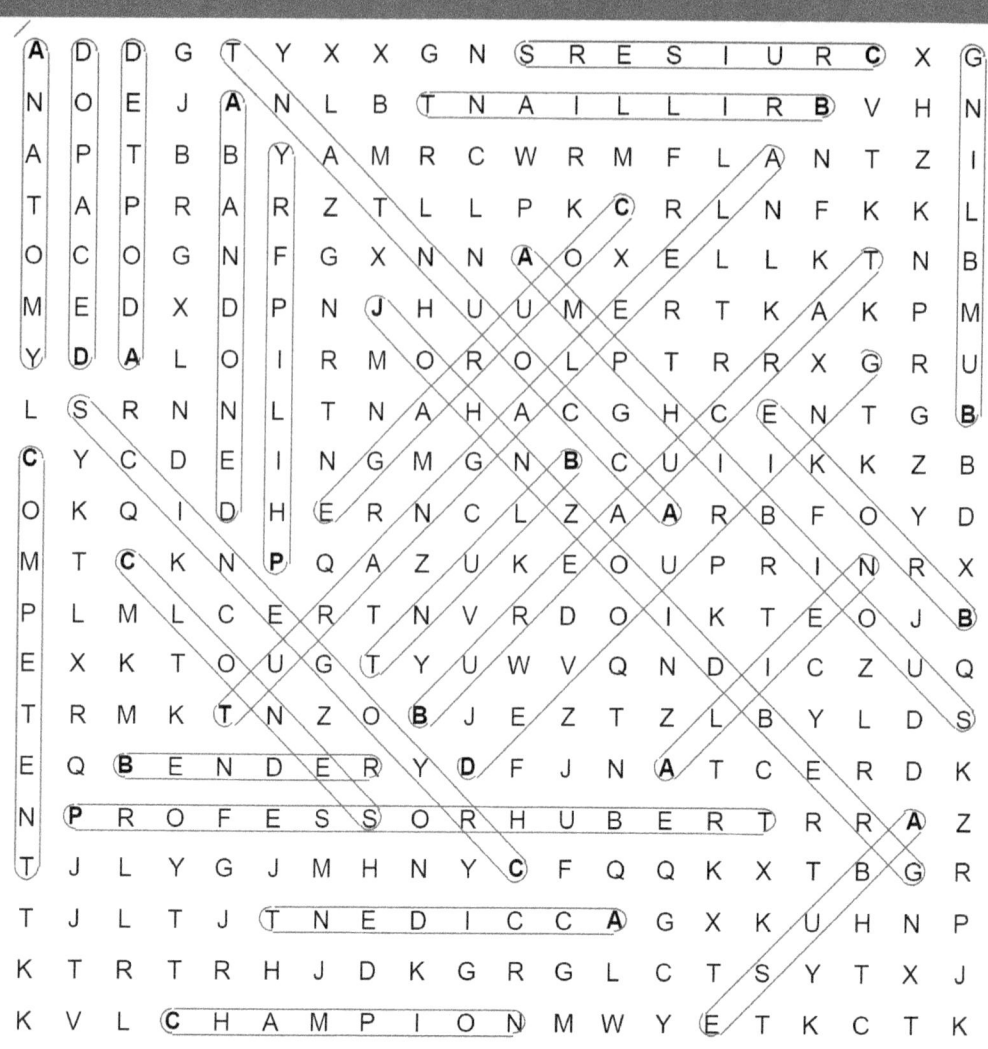

ANSWER KEY

A	D	D	G	T	Y	X	X	G	N	S	R	E	S	I	U	R	C	X	G
N	O	E	J	A	N	L	B	T	N	A	I	L	L	I	R	B	V	H	N
A	P	T	B	B	Y	A	M	R	C	W	R	M	F	L	A	N	T	Z	I
T	A	P	R	A	R	Z	T	L	L	P	K	C	R	L	N	F	K	K	L
O	C	O	G	N	F	G	X	N	N	A	O	X	E	L	L	K	T	N	B
M	E	D	X	D	P	N	J	H	U	U	M	E	R	T	K	A	K	P	M
Y	D	A	L	O	I	R	M	O	R	O	L	P	T	R	R	X	G	R	U
L	S	R	N	N	L	T	N	A	H	A	C	G	H	C	E	N	T	G	B
C	Y	C	D	E	I	N	G	M	G	N	B	C	U	I	I	K	K	Z	B
O	K	Q	I	D	H	E	R	N	C	L	Z	A	A	R	B	F	O	Y	D
M	T	C	K	N	P	Q	A	Z	U	K	E	O	U	P	R	I	N	R	X
P	L	M	L	C	E	R	T	N	V	R	D	O	I	K	T	E	O	J	B
E	X	K	T	O	U	G	T	Y	U	W	V	Q	N	D	I	C	Z	U	Q
T	R	M	K	T	N	Z	O	B	J	E	Z	T	Z	L	B	Y	L	D	S
E	Q	B	E	N	D	E	R	Y	D	F	J	N	A	T	C	E	R	D	K
N	P	R	O	F	E	S	S	O	R	H	U	B	E	R	T	R	R	A	Z
T	J	L	Y	G	J	M	H	N	Y	C	F	Q	Q	K	X	T	B	G	R
T	J	L	T	J	T	N	E	D	I	C	C	A	G	X	K	U	H	N	P
K	T	R	T	R	H	J	D	K	G	R	G	L	C	T	S	Y	T	X	J
K	V	L	C	H	A	M	P	I	O	N	M	W	Y	E	T	K	C	T	K

KIDS IN THE HALL |PUZZLE #24

- ADOLESCENCE
- AFFECTION
- AGREEMENT
- AIRHEAD
- ALIENS
- ANGEL
- ANGRY
- ANIMATED
- ANNOYING
- ANONYMOUSLY
- APARTMENT
- APOCALYPTIC
- APOLOGY
- ARGUMENT
- ARMADA
- ASYLUM
- BABYSITTER
- BAKERY
- BEARDED
- BIZARRE
- BLAMES
- BLANKET
- BLOODY
- BROADCAST
- BRUISED
- ____________________

```
T R R Y G Y E W Y T N T L R Y T Q N N A
P C L X R G Z R X O N Y N E H S B C R L
N K W D A H E B I E A W E T L A L M R H
C N M B A K P T M N X V C T D C A N Q P
T H B B A I C T G D C B N I N D M W P G
B A N B G E R E L B G J E S A A E K L N
C M X M F A L H L T D V C Y R O S B R I
A M M F P T H A E M K X S B G R M T X Y
K P A A T C N C M A J C E A U B Y T A O
Z R O D Z K Q N T W D X L B M B N T L N
D D L L E Y R G N A K P O Q E U L B I N
C F T T O T B T M K H Q D K N D L W E A
B K R M F G A I T R M Y A L T B Q Y N C
R J T F Z B Y M Z R T C D Y N H N F S N
M B E A R D E D I A G R E E M E N T D A
F N T T Z Q M T V N R P B V S Q P Z T M
N L B B V K W H M F A R M R K I Z Y R M
A P O C A L Y P T I C G E V Y K U G Z L
T Y L S U O M Y N O N A Y L L K T R R R
V Q B K M G N Y Y D O O L B L F M H B G
```

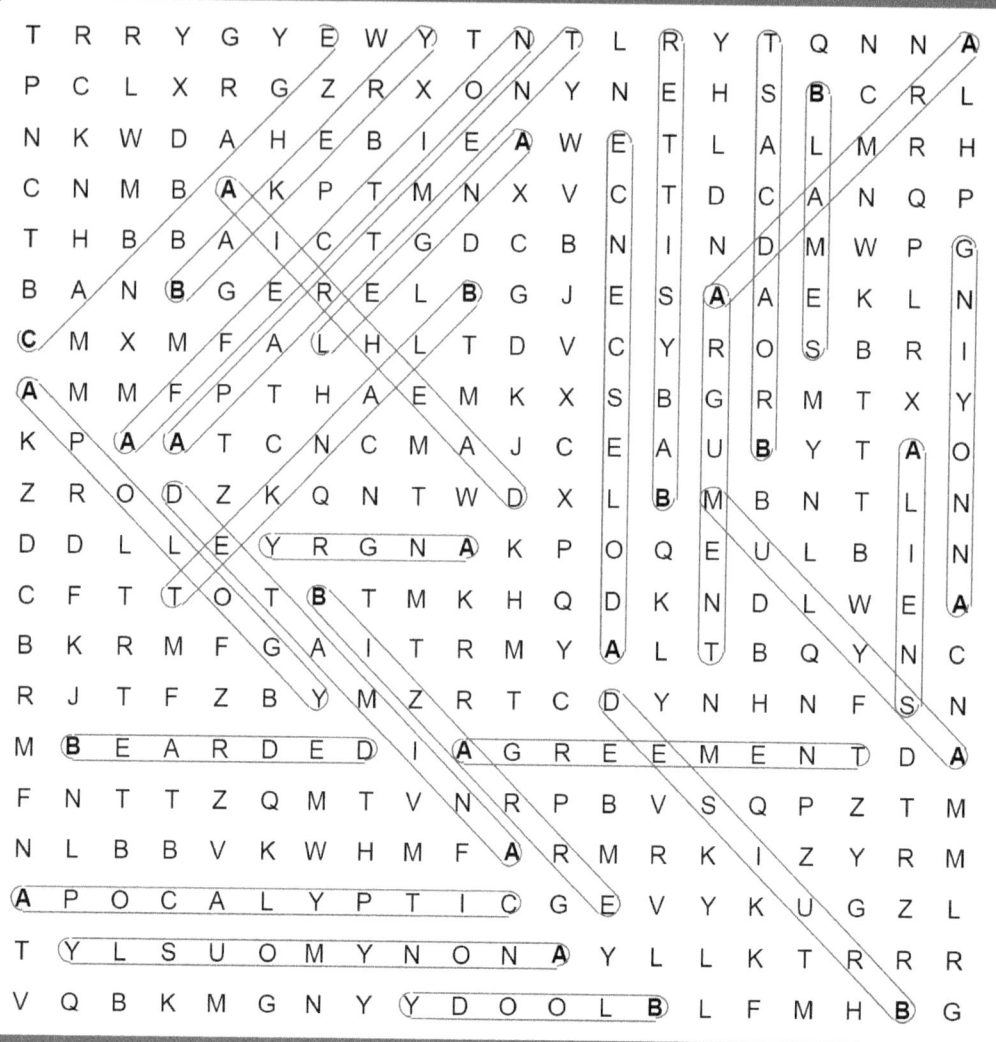

BATMAN: THE ANIMATED SERIES |PUZZLE #25

- ○ ABSORBED
- ○ ACCOMPLICE
- ○ AMAZON
- ○ ANGRILY
- ○ ANTAGONISTS
- ○ ATTRACTION
- ○ BATGIRL
- ○ BATMAN
- ○ BILLIONAIRE
- ○ BRUCE WAYNE
- ○ BURTON
- ○ CHEERFULLY
- ○ CLAYFACE

- ○ COMMISSIONER
- ○ DEPICTED
- ○ DERANGED
- ○ DETECTIVE
- ○ DICK GRAYSON
- ○ DISTINCTIVE
- ○ DISTINGUISH
- ○ DOOMED
- ○ EMBRYONIC
- ○ EMULATED
- ○ FIREARMS
- ○ JIM GORDON
- ○ _____

```
A T T R A C T I O N D R B P L Y K Y R R
Z X L K Y L L U F R E E H C D D Z Y S V
R D K V B Q B L D Y M M T O J L Q T M B
E E K T Q Q V A K F K R O E X K S J F I
N N M K L L E C T G I M O Q C I M K K L
O Y D L D L Y C P G E R N B N T P K R L
I A Y N I J L D A D I A E O I R I R L I
S W K Q S I I R Z F M R G A A N D V G O
S E T Z T M R N N T Y A L B R E W J E N
I C V P I G G N A F T A S N T M B D H A
M U J M N O N B T N N O L C N B S R S I
M R J D C R A K A L R O I C U K T F I R
O B Z R T D K M P B D P Z R Y L R M U E
C V X K I O N R E Q E E T A G G M K G K
M Y W C V N M D L D B O T J M R M G N F
J Z K R E K N Y K G N N R A X A Z F I P
J L E C I L P M O C C A N M L V R Z T X
H T D I C K G R A Y S O N L F U W N S Q
M K L V H D E R A N G E D K N N M G I H
C I N O Y R B M E K P R K R F N B E D F
```

BATMAN: THE ANIMATED SERIES PUZZLE #25

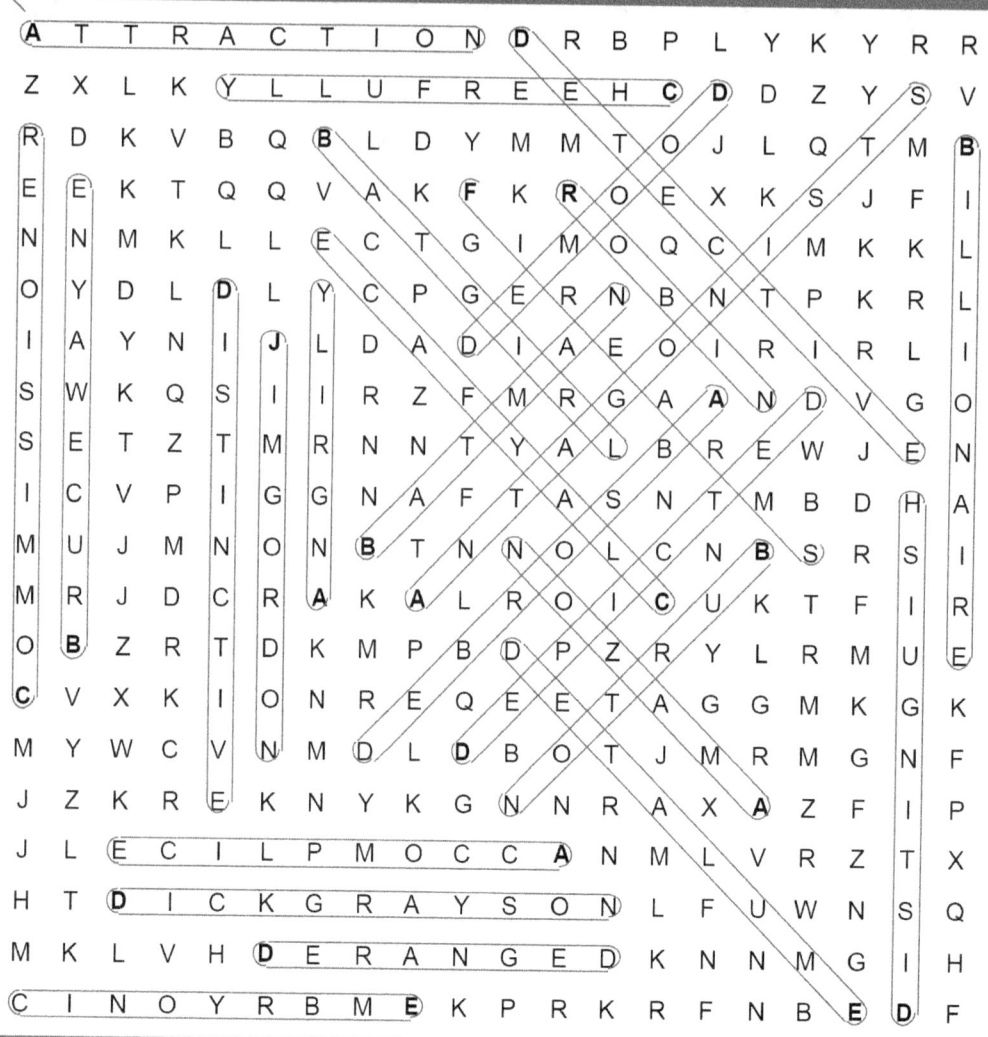

GRACE UNDER FIRE |PUZZLE #26

- ADOPTION
- AFFAIR
- AFTERMATH
- ALCOHOLIC
- ANCESTRY
- BACHELOR
- BIOLOGICAL
- BUTLER
- CANCELED
- CHEMIST
- CONSTRUCTION
- CONTACTED
- DEATH
- DESPITE
- DEVELOPMENT
- DIVORCE
- DROPPED
- ESTRANGED
- GOSSIPING
- GRACE KELLY
- INFANT
- INTERVENING
- NADINE
- QUENTIN KELLY
- RUSSELL NORTON
- _____

```
T N N A D I N E H K G L L W H X C Y N T
Y X L T K M N X K N Q M C Y N Q R O C T
Y H X V T D G F N D K T N K G T T C V K
D H T N C L V R I A F F A N S R R T B B
H E V A L X H K Q F M J I E O R P N U C
Q N T N M T M T L T Y N C N C R M E T I
U O K C A R T N C Q E N L T E Z K M L L
E I M E A N E K K V A L T S G C T P E O
N T D D W T P T R B E V T V A T Z O R H
T C Y K I N N E F S I R J N M X Z L B O
I U L Q M V T O S A A O C C Y A L E Y C
N R L D M N O U C N C E L T D L T V V L
K T E R I T R R G C L V M O N W K E D A
E S K O M X N E C E B T P M G A D D L T
L N E P W T D T D E G T R Y D I F P K P
L O C P C A D E S P I T E G G W C N B P
Y C A E K T D X T O Y X T H R Y D A I P
R F R D Q F R E N T S I M E H C L K L B
F N G T G J M B A C H E L O R P Y M B R
R H T W B W N G N I P I S S O G J C D K
```

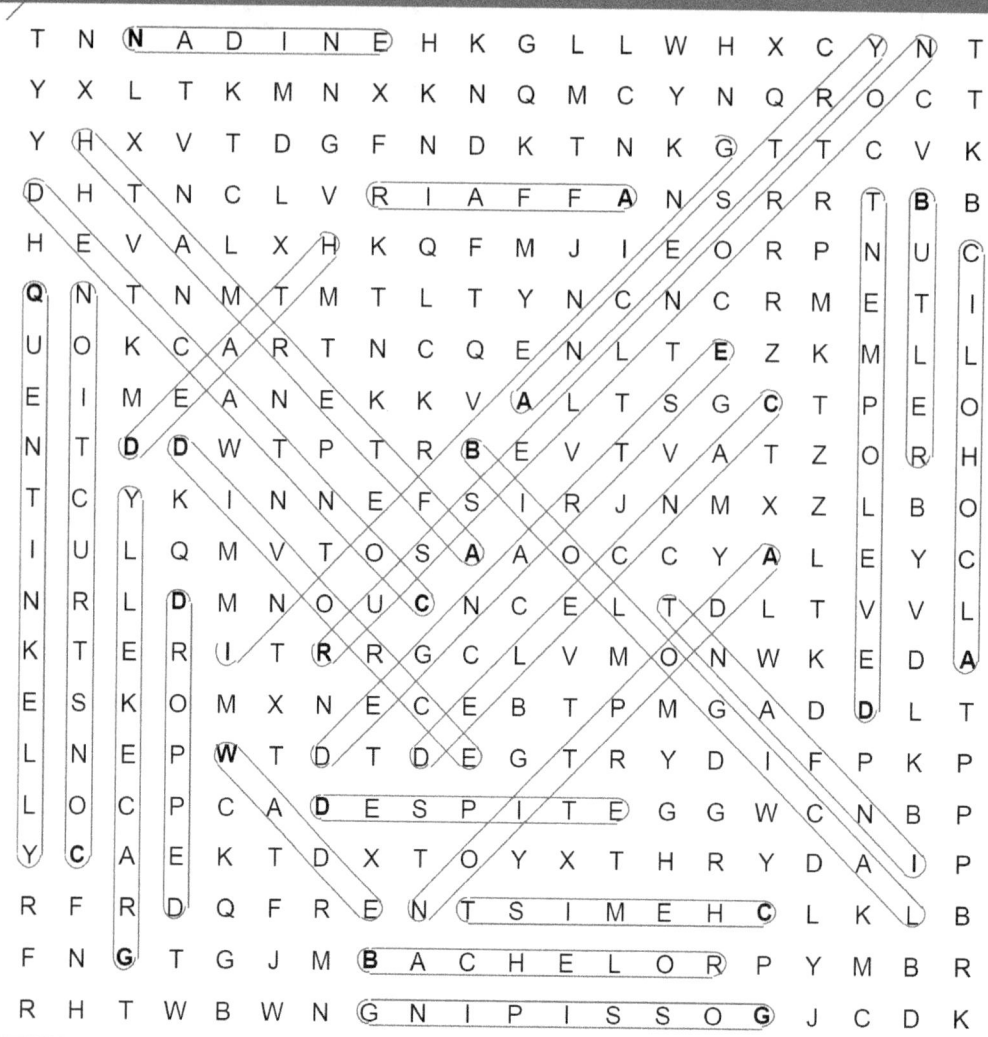

THE PRACTICE |PUZZLE #27

- ○ ACCUSING
- ○ AGREEMENT
- ○ ATTORNEYS
- ○ BACKFIRE
- ○ BETRAYING
- ○ BLESSING
- ○ BOBBY DONNELL
- ○ BUDGETARY
- ○ CLASH
- ○ COMBINED
- ○ CONTROL
- ○ CRIME
- ○ DEALERS

- ○ DECLINED
- ○ DEFAMATION
- ○ DEFENSE
- ○ DISMISSAL
- ○ DISTRESS
- ○ DIVORCE
- ○ DRUG
- ○ EMBEZZLING
- ○ ETHICAL
- ○ EUGENE YOUNG
- ○ HELEN GAMBLE
- ○ JIMMY BERLUTI
- ○ _____

D L F L P Q T N E M E E R G A T M C M V
N A L J R E X F X B H D N Y Z Q M M P M
T C L E S T U G Q R N M E M W C M L M V
B I E R P Y P G U D Z B X F O N X D N J
R H N I Y V E T E R N Q U M E K Z O Z P
B T N F L T L N N N D N B D W N T K F R
H E O K C V K J R N E I R T G G S X J P
E M D C X S R K V O N Y G L N E D E Y P
L D Y A N R H M D E T N O I E E T D K G
E I B B G E D W D M I T H U N M M A L M
N S B M C L N G J Y P S A I N N I N R Q
G M O R L A K F A A A D L W W G N R V Y
A I B P A E P R C W I C D D M Z Z Q C H
M S L Q S D T C A S E K L O R T N O C P
B S H M H E U C T D T B L E S S I N G R
L A T R B S C R J I M M Y B E R L U T I
E L W N I E E Y D E F A M A T I O N L K
C C R N B S K E M B E Z Z L I N G Y R R
V D G E S V W L R T B C M C P M G H F M
X C R J D B R M X E C R O V I D Z V B L

**THE PRACTICE
PUZZLE #27**

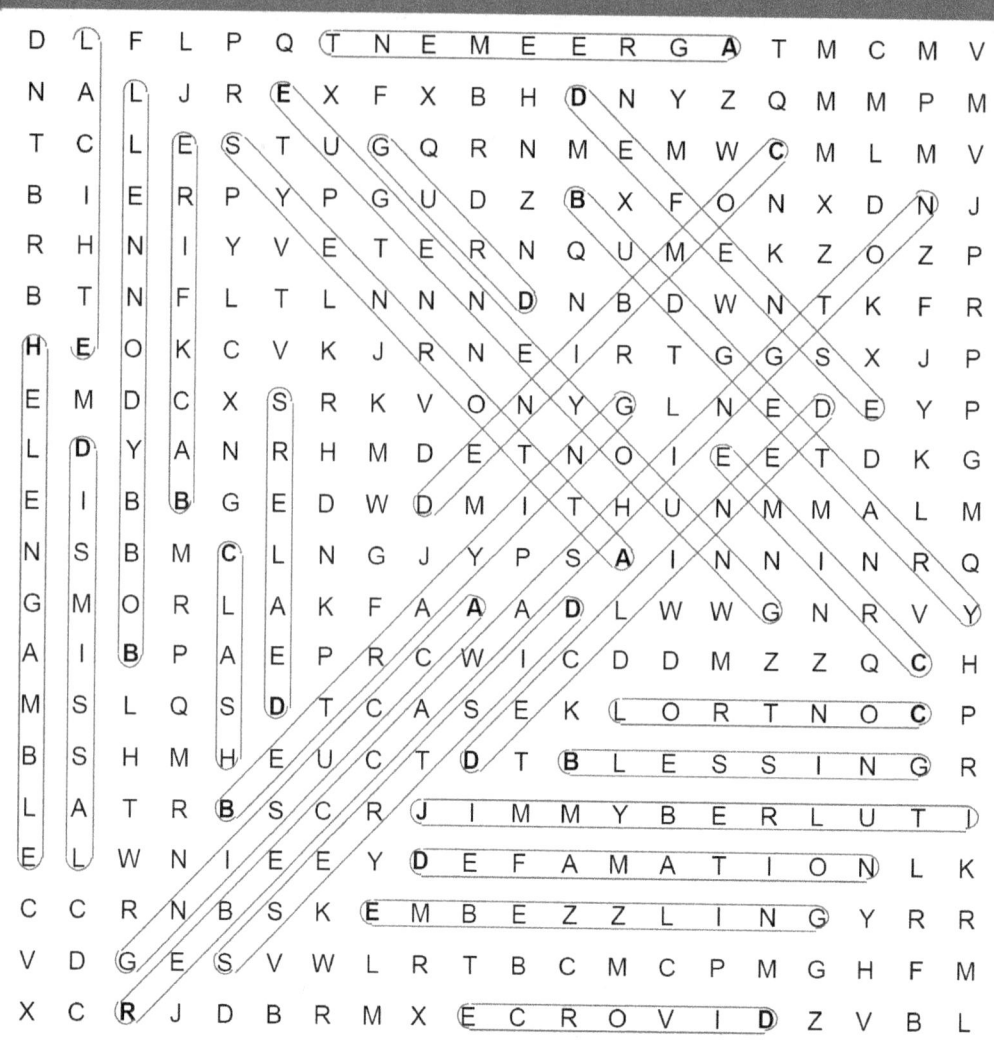

ANSWER KEY

IN LIVING COLOR |PUZZLE #28

- AIRED
- ANIMATED
- APPEALED
- APPROACHED
- ASSOCIATED
- AUDACIOUS
- BILLBOARDS
- BLUES
- BOULEVARD
- BREAKING
- BROADCASTS
- CAMERA
- CANVAS
- CATAPULTED
- CHOREOGRAPHER
- CLOWN
- COLOUR
- COMEDIANS
- COMEDY
- CONCERNED
- CONTEMPORARY
- JAMES CARREY
- JAMIE FOXX
- KELLY COFFIELD
- KIM COLES
- _____

```
V H Z Y W T F S T S A C D A O R B T C P
W C P M D V O C O N T E M P O R A R Y T
R H N L N E Q M Q A U D A C I O U S L K
V O X W J V M G M D C A T A P U L T E D
F R P D J N C O D Y C S N A I D E M O C
D E T A M I N A C R D Q M J P G N D L D
D O X N T F L R L G M A N N N V E X L W
E G H N K I M C O L E S V P F T V E V B
N R B M W C B X C W L D W I A G I W R V
R A L J D Y L N N R N L E I D F N E T H
E P U A E E B O L B R T C L F S A K M J
C H E M H R L J W T I O B O A K O K V D
N E S I C R X R M N S L C B I E F N T R
O R N E A A A N P S L Y L N K S P B Q A
C L R F O C M R A J L W G B A N C P N V
V P L O R S D Q E L F A T V O O N M A E
N L N X P E B R E M I G N T L A Q F M L
H W T X P M L K V R A A P O K C R R X U
N T R W A A Q T E W C C U W C Q N D M O
N N R M Y J D D Y X T R R M X T Q Y S B
```

IN LIVING COLOR
PUZZLE #28

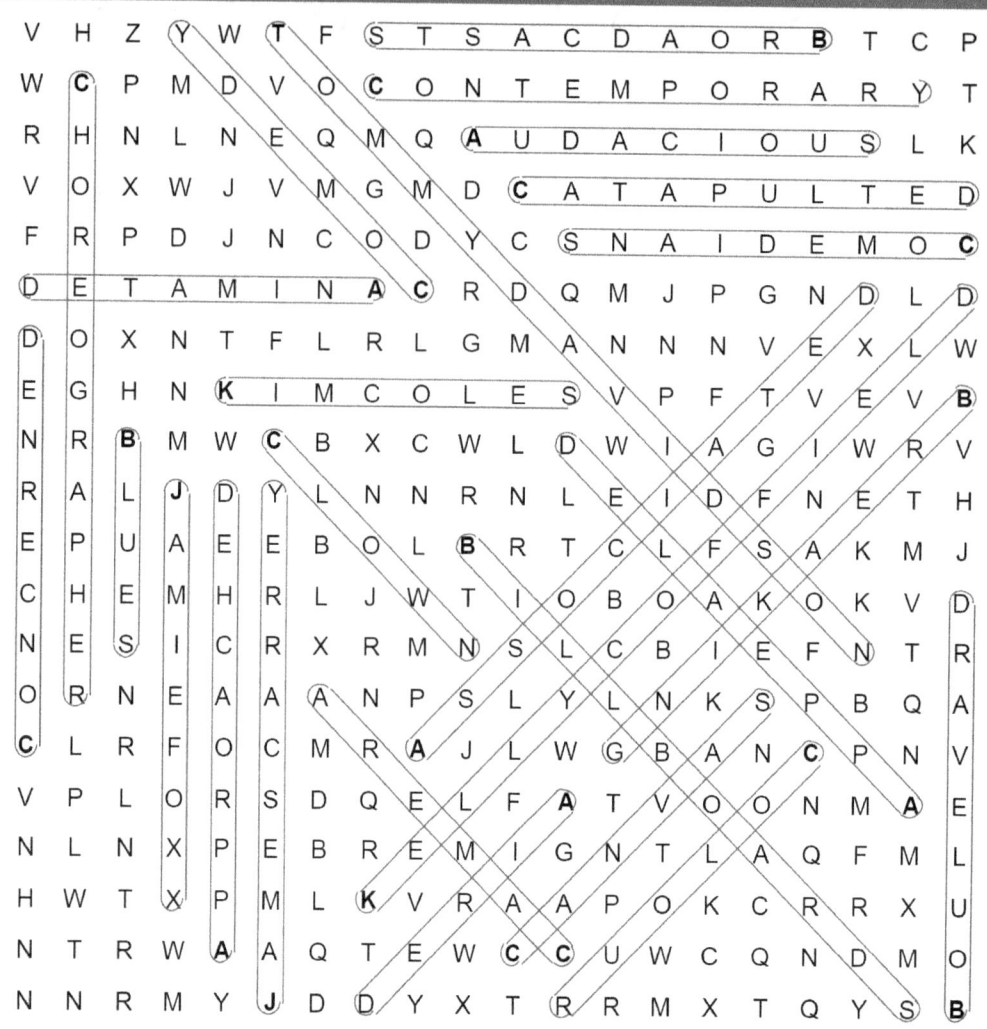

OZ |PUZZLE #29

- ABIDING
- AFFILIATED
- APPEARANCES
- AUGUSTUS HILL
- BALANCE
- BROTHERHOOD
- CHARACTER
- COMMISSIONER
- CONFLICTS
- CONTRAST
- CORRECTIONS
- CRIMINALS
- DANGEROUS
- DRUG
- DRUNK
- EMERALD
- ENSEMBLE
- ENTERTAINMENT
- ENVIRONMENT
- EXPERIMENTAL
- FACTIONS
- FATAL
- KAREEM SAID
- LEO GLYNN
- MIGUEL ALVAREZ
- _____

```
L K F X L D N S N O I T C E R R O C Y F
C D R M K L Y K D E T A I L I F F A V C
R A E I E G A U G U S T U S H I L L S O
I N X G W N M P N E N S E M B L E Q E N
M G P U W G V C H A R A C T E R D X C F
I E E E J N U I P K Y L X M N L T X N L
N R R L E M N R R V K D T K A N N T A I
A O I A G C R N D O O F K R E X L B R C
L U M L C P N C K O N G E M G H I Z A T
S S E V Z O N A H G N M N T G D K W E S
L F N A K W M R L B E I E S I Z N Z P V
Q N T R F A E M M A A R U N M N U G P R
B Y A E F H R C I T B N G T T N R L A T
G Q L Z T A O E R S A F B W H Y D M N Y
F R G O X N C E E M S R N F J L N M M X
P N R J T C T T C M K I A Z M G P D X F
L B N R R N T M I X S T O F R O T Y P Z
W R A X E K M T V O A A F N L E Y H M R
G S V Y W I T R T L N Z I F E L P R V L
T C F K T Y R K C J T S G D N R M L F Y
```

OZ
PUZZLE #29

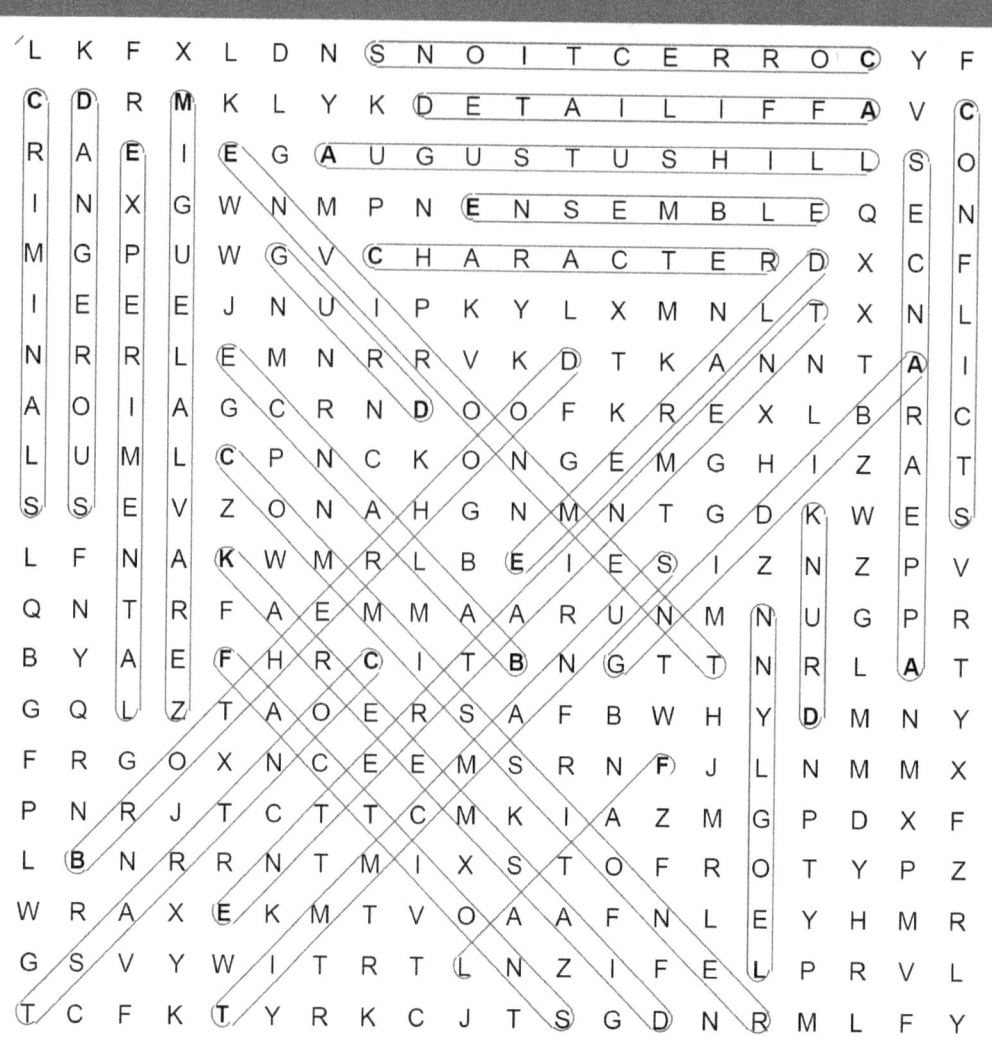

ANSWER KEY

THE LARRY SANDERS SHOW |PUZZLE #30

- AFRAID
- AGENT
- AIRED
- ANCILLARY
- APPEARED
- ARTIE
- AUTOBIOGRAPHY
- BEHAVIOR
- BEVERLY
- BIRTHDAY
- BREAKDOWN
- BROADCAST
- BROKEN
- CAMERA
- CELEBRITY
- CHRONICLES
- CIRCULATES
- COMEDIC
- COMEDY
- COMMITS
- COMPARISON
- CREATIVE
- DEFEATED
- HANK KINGSLEY
- LARRY SANDERS
- _____

```
K A U T O B I O G R A P H Y T V Q Y D R
B L B T S A C D A O R B Z Y D C X Q C B
P E L E L E J Z C M J N T K G E N G X P
C Y V L H T V O F F Q D H J R A R T N B
F O R E K A M I N N E X K K F K Z I R K
M T M M R E V M T R Z W W R S M K E A X
M R K E D L K I A A T G A G R N A Z M M
N M J Y D L Y E O L E I R P E K W H L L
Y E W Z Q I P C Y R D R T B D N H K C C
L N K F G P C T T M K G C O N D C J I X
J R Y O A T I L N T R F W L A E O F R P
L R R B R R T N E G A N T B S T M Q C Z
G F A W B B L K L E Z M P I Y A P P U W
N K L E G L C Z I C B Y A R R E A R L Q
N X L J F B R T P M X Q U T R F R T A A
P E I C B J R W Q R H K L H A E I X T R
C W C R C A R V L R Y C A D L D S L E E
H A N K K I N G S L E Y M A M M O M S M
C N A D M S T I M M O C T Y P K N L Z A
W G C H R O N I C L E S T Z K F H Z J C
```

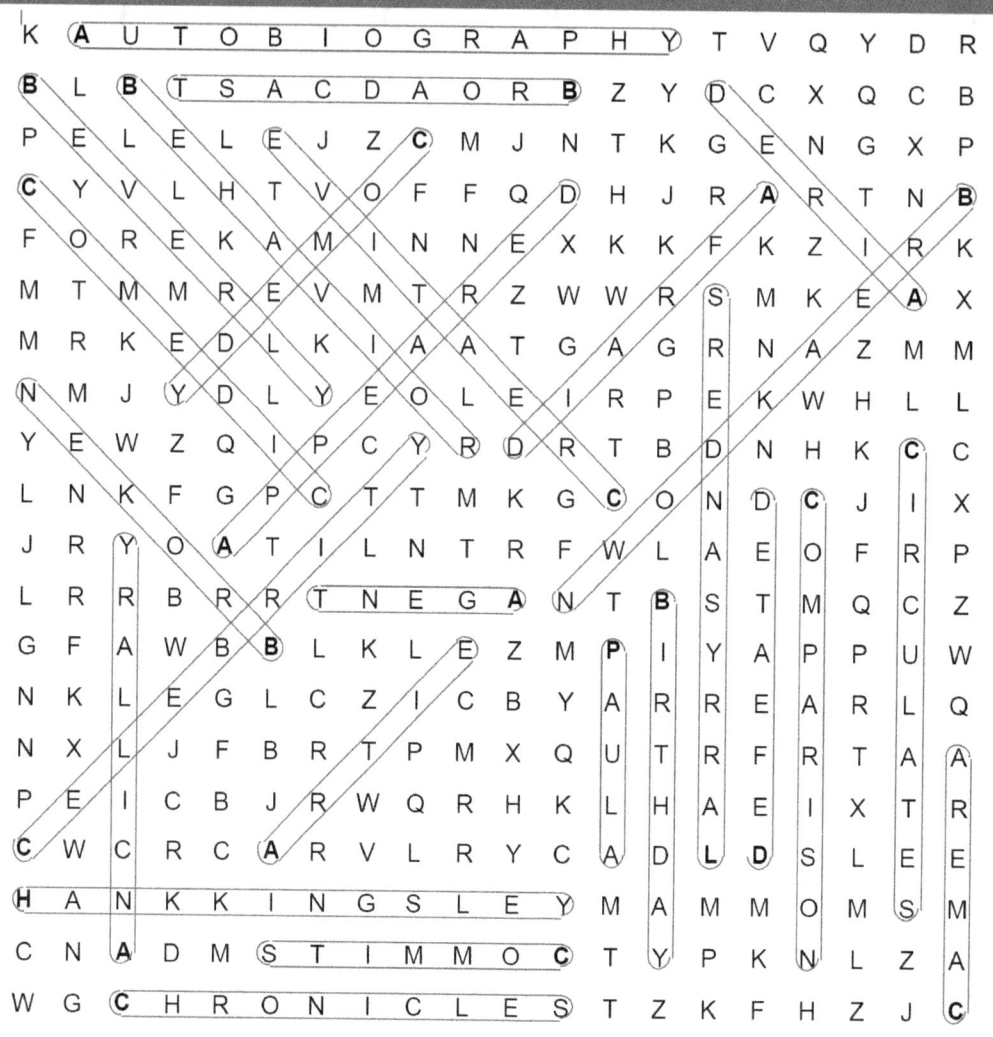

HOME IMPROVEMENT |PUZZLE #31

- ○ ABSENCE
- ○ APPEARANCE
- ○ ATHLETIC
- ○ BEARD
- ○ BEGINNING
- ○ BLOOPER
- ○ BOISTEROUS
- ○ BRADLEY MICHAEL
- ○ BRINGING
- ○ CARICATURES
- ○ CARPENTER
- ○ CATCHPHRASE
- ○ CLOTHING

- ○ COCKY
- ○ COMEDIAN
- ○ CONSISTS
- ○ CONSTERNATION
- ○ DEMONSTRATE
- ○ DEVICES
- ○ DISASTERS
- ○ ENGAGED
- ○ FLIPPANT
- ○ JILLIAN
- ○ MARK TAYLOR
- ○ RANDALL WILLIAM
- ○ _____

```
T L B Q T V G S C O N S I S T S Q B N M
F H R Y K G J D R E S A R H P H C T A C
N R I K N X Q R T E C N A R A E P P A P
T O N C G X D A B K T K B L O O P E R C
Z L G O W N N E D O C S M L G L Y W C M
R Y I C R B I B V A I T A B G X G A O A
M A N G W A D H R I L S D S Q R B N N R
D T G M N H N I T D C E T N I S C D S K
E M Y C D T C D Y O M E N E E D D D T T
G I H G G A P N A O L G S N R N M R E A
A T L Q T H D C N L C C Y A O T C R Y
G N C U X P H S I I L E B I N N U M N L
N K R H T N T C N T Q W D A A Y F S A O
E E N L M R V N M M E E I P L L K V T R
S C M M A K I T N K M L P L F H Q L I B
G L T T X G H Z D O L I H M L B W T O P
L T E Z E D K Z C I L Y N T H I R B N G
T W V B N K T T J F V T H N A D A C X M
B R A D L E Y M I C H A E L C Z K M M V
H K V Q T Y F V Y W Q R E T N E P R A C
```

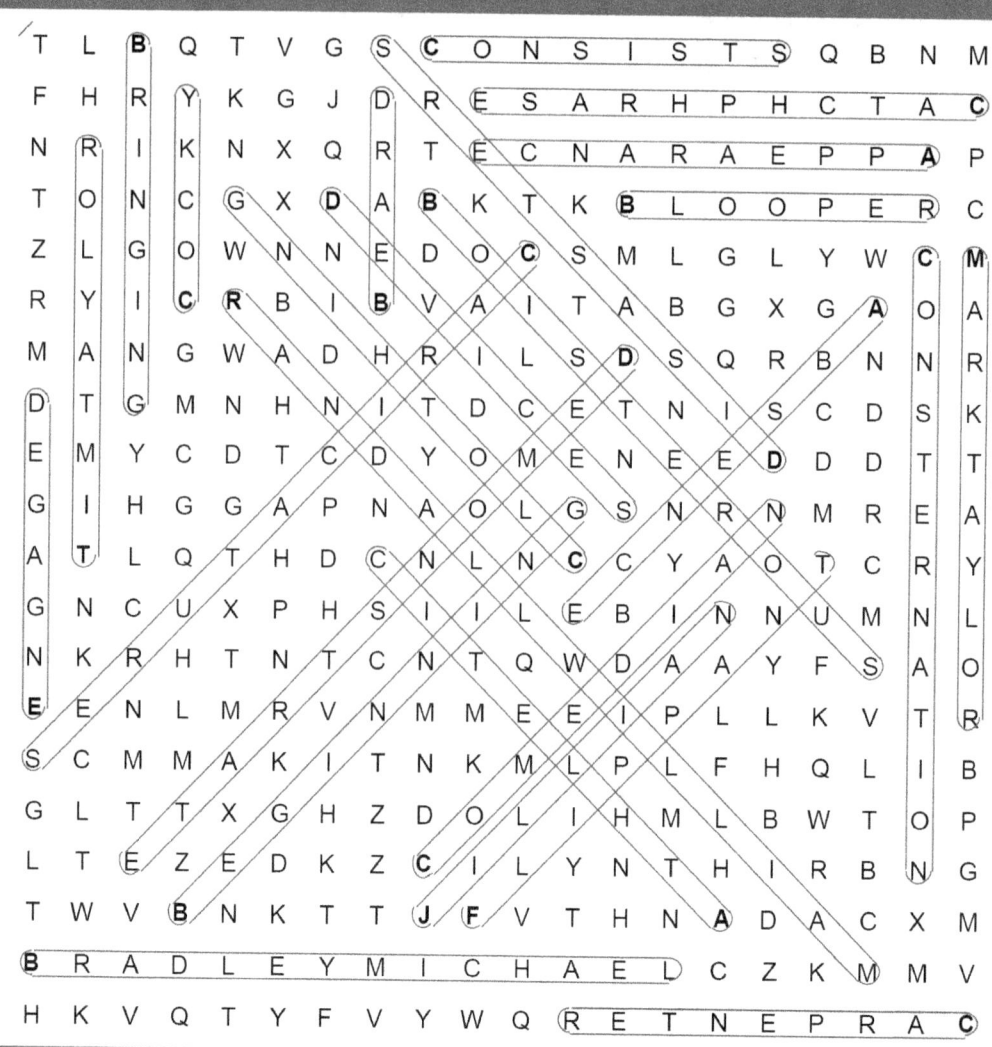

**A
N
S
W
E
R
K
E
Y**

HEAD |PUZZLE #32

- ○ ADULT
- ○ ADVENTURE
- ○ ANNOYANCE
- ○ BEAVIS
- ○ BUTT HEAD
- ○ CHUCKLE
- ○ CONSEQUENCES
- ○ DELINQUENTS
- ○ DEPICTS
- ○ ELEMENTARY
- ○ EXPERIENCE
- ○ GIGGLE
- ○ IMPROVISED
- ○ INCOMPETENT
- ○ INTERPRETED
- ○ JUDGMENTS
- ○ KINDERGARTEN
- ○ LITERATE
- ○ OBSESSION
- ○ REMORSE
- ○ REVIVED
- ○ STUPIDITY
- ○ SUCKS
- ○ SUPERVISION
- ○ TEACHERS
- ○ _____

```
S Z M E X P E R I E N C E Y H J F V N P
L T K S E C N E U Q E S N O C K R T E M
Q B N N R W S J O B S E S S I O N C T Y
K R H E R Y F T Q G T T T B L D N H R K
G E A F M Y X N N A I C Q D V E B A A R
J V N H G G X D R E F G I T L Q T S G C
I I N R V N D E R C U N G O F N C R R X
M V O V Y L T U H E C Q I L E L S E E C
P E Y V A I Z U J O M V N M E T D H D T
R D A K L D C M M N D O E I U L W C N Q
O S N T M K V P T A O L R P L J L A I K
V I C L L T E E E R E I I S N E L E K T
I V E E C T J H N N G D S L E Y D T X F
S A F Z E X T S N T I M L I M A D U L T
E E M N L T R T W T U R L R V L M T M P
D B T N U N T C Y J L R G Q P R D M R N
T W K B Z G N I T T F F E F Y M E C B F
W Q G R R B Q P Z B S K C U S R Z P H P
T N L G P R Y E M Q X F D W J F K M U Q
D N R W M J N D D E T E R P R E T N I S
```

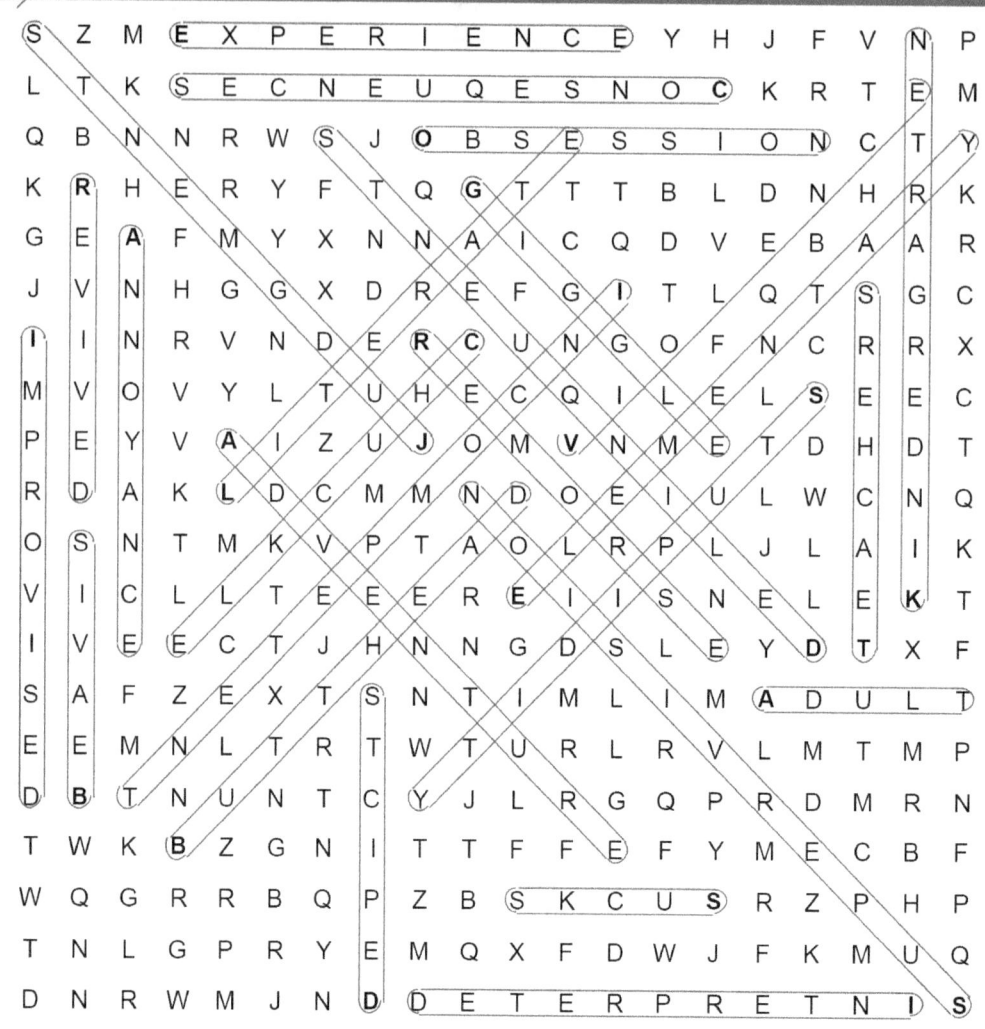

ANSWER KEY

MR. SHOW WITH BOB AND DAVID |PUZZLE #33

- APPEARED
- AUDIENCE
- BOB ODENKIRK
- BROADWAY
- CAPITALISM
- CELEBRITY
- CHALLENGED
- CIRCUS
- CONFIDENT
- CONSISTED
- CONTRARIAN
- CRITIQUE
- DAVID CROSS

- DEPARTURE
- EXCEPTIONS
- FAILURE
- FLYING
- FRUIT
- GLOBAL
- HERMAPHRODITES
- INFOMERCIALS
- JAY JOHNSTON
- JILL TALLEY
- JOHN ENNIS
- MOCKED
- _____

```
R G D E K C O M J O H N E N N I S N J X
R K E M C T J P V D E R A E P P A A B D
T T S U R H I Z Z T N R Z K X Q Y C T E
W H L V Q N L M B R B D K N G J O T Y G
X S A Y P I L E X C E P T I O N S M V N
T E I Z G Q T W M R B X L H S M E G K E
F T C N Q M A I L X C P N I V R V R P L
C I R N L Q L S R Y N S S F U N I Q F L
O D E F Z M L S P C T T E T L K F J T A
N O M R D Y E O D O E M R C N Y T P X H
F R O U G Q Y R N D L A R E N G I M D C
I H F I Y G L C M P P V D E L E S N G K
D P N T A R W D C E T O T O R I I P G K
E A I T W M B I D I B M B O L U D D Z L
N M F R D R Q V Y O R A K A M L L H U N
T R K Q A T J A B M L C T B P K K I D A
L E K H O J L D D Z Q I U N R M E B A B
T H L N R L P H C P P T K S B L L N V F
N N V F B D N W N A I R A R T N O C N H
Z W K C N N M G C E L E B R I T Y M H Y
```

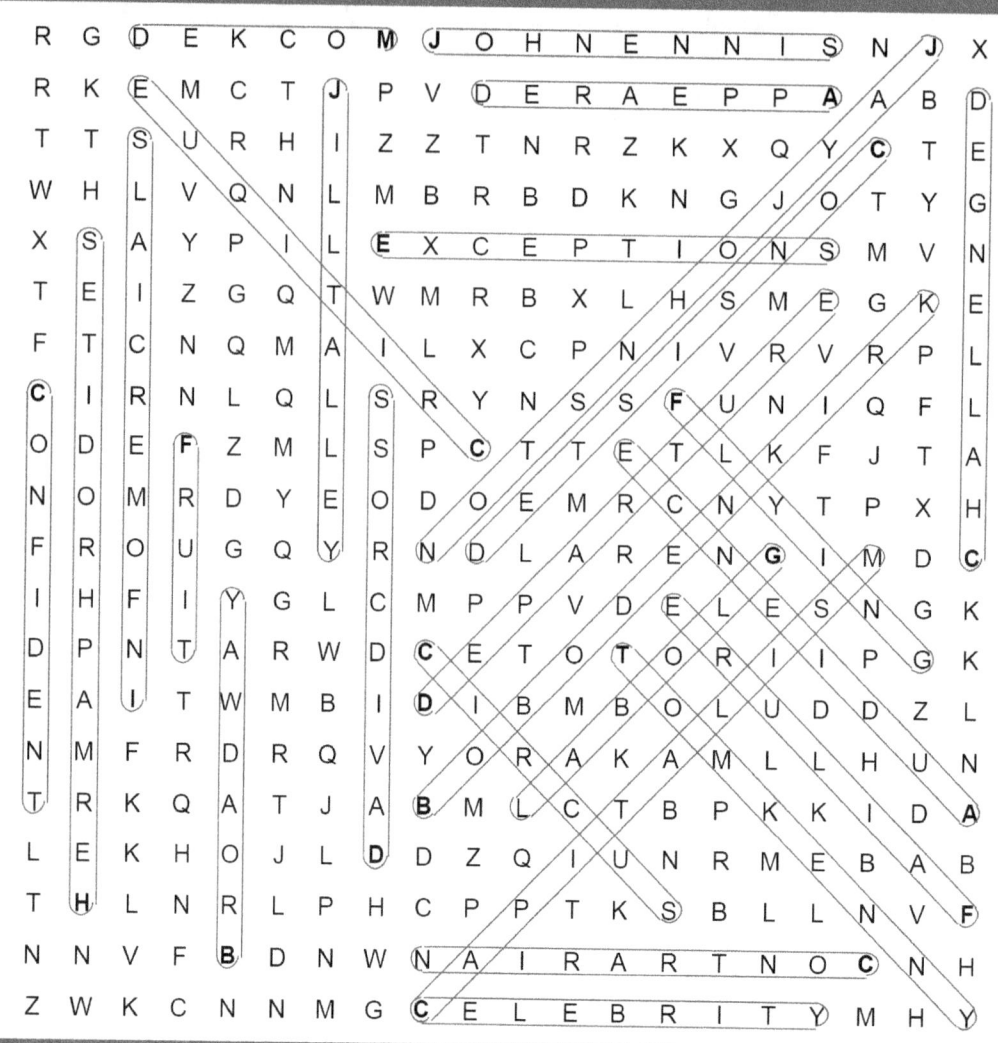

ANSWER KEY

MYSTERY SCIENCE THEATER 3000 | PUZZLE #34

- ○ ACQUIRE
- ○ ANNOTATED
- ○ ANNUAL
- ○ BROADCAST
- ○ CENTRAL
- ○ CIRCULATING
- ○ COINCIDING
- ○ CONSIDER
- ○ CONVINCE
- ○ CROW ROBOT
- ○ DEMAND
- ○ DIGITAL
- ○ DISTRIBUTION
- ○ DOCUMENTED
- ○ ENCOURAGE
- ○ ENTERTAINMENT
- ○ EXIST
- ○ FACTORY
- ○ FANSITE
- ○ GREEN
- ○ GYPSY
- ○ HOLIDAY
- ○ HOSTED
- ○ JOEL ROBINSON
- ○ MIKE NELSON
- ○ _____

```
T N E M N I A T R E T N E N T M R N J C
N D E T A T O N N A M C F O S J D P T K
W C I R C U L A T I N G M S A Z E C M N
L T Z L F A C T O R Y R R N C M T O M Z
H C O K X W D R D T K Y K I D W N N L M
M F O M C R O W R O B O T B A C E S P T
N J A I S M L R D N L L V O O H M I M K
O K G N N E L A B D G T T R R V U D R K
I K R G S C R A T M X C Q L B T C E Z A
T E Y X M I I V U I R N F E W W O R C R
U N R A Q B T D O N G Z M O Z N D Q J G
B C T F D H M E I K N I W J O K U B Q K
I O Y X H I L L C N Y A D S K I K L D M
R U Y R N A L O F L G P L G R L N T C Q
T R R R R G N O G P T E D E D N A M E D
S A V T R V R N H S N E Q G H T Q P H M
I G N E I T R G I E T J Z Y M T D R F N
D E E N N R L X K S V M H P Z F H X G F
C N C Z N T E I O L Y N Q S B Y N M Z L
X E L G X T M H K M K D B Y D C M B M B
```

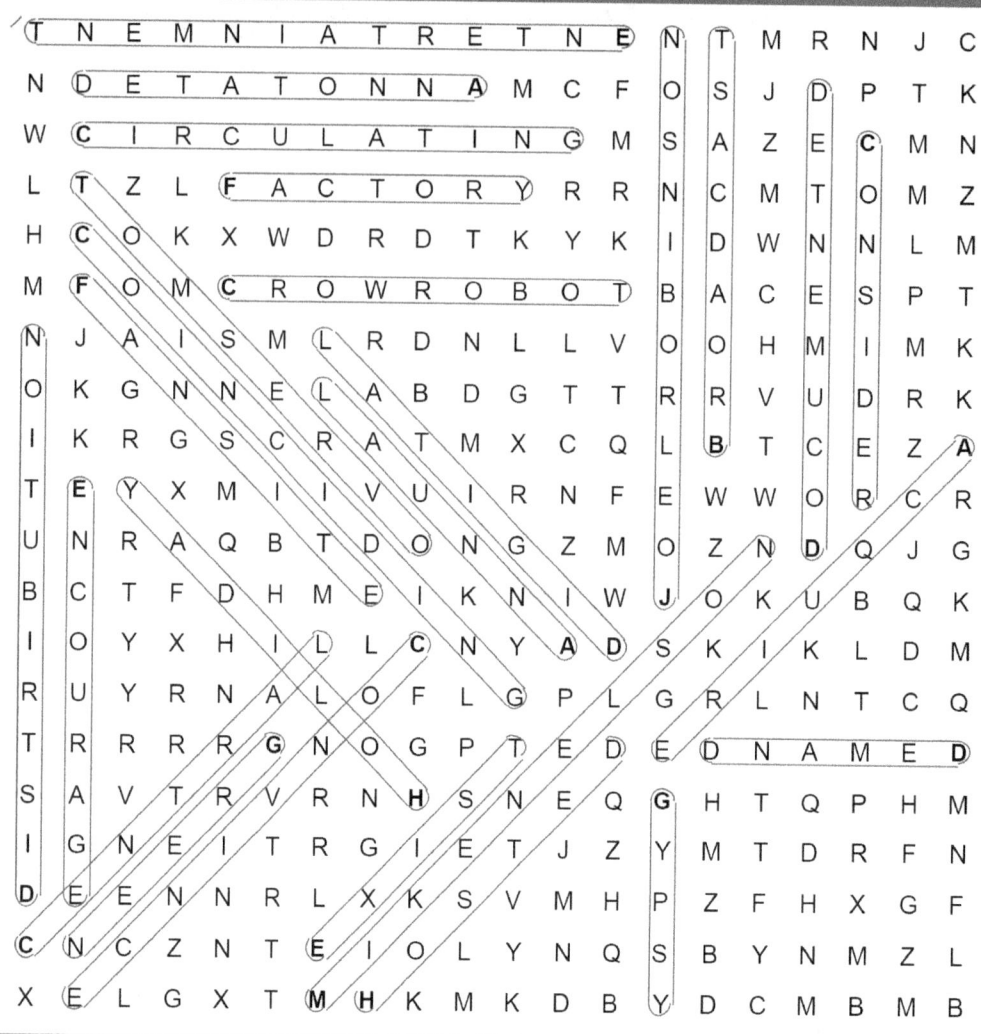

ANSWER KEY

SPIN CITY |PUZZLE #35

- ○ ACCOUNTANT
- ○ ADJUSTED
- ○ AFFAIRS
- ○ ALLEGED
- ○ ARGUED
- ○ ASHLEY SCHAEFFER
- ○ AWARENESS
- ○ BLAME
- ○ BOATMAN
- ○ CAITLIN MOORE
- ○ CAMPAIGN
- ○ CHARGE
- ○ CHARLIE CRAWFORD

- ○ CHEAPSKATE
- ○ COMPLEX
- ○ CONFUSED
- ○ CONSIDERED
- ○ COWARD
- ○ DEALING
- ○ ENVIRONMENTAL
- ○ EXCELLENT
- ○ EXPLANATION
- ○ FICTIONAL
- ○ GENDER
- ○ MIKE FLAHERTY
- ○ _____

```
Q A W A R E N E S S G B F C Y L T X F T
B E F F C O W A R D M N O V D V T E N X
O Z T N Z K D C T A V N M R P M G L M L
A M T A R N A H C Z S T O G A L Z P Y Q
T J L B K M F C P I Y F V W U G E M K V
M N V V P S O M D Z W Y Y L L Z N O M E
A J N A D U P E R A C T Z B L D V C M X
N C I B N E R A R V K R Q F A E I K P P
M G A T L E A C E R F E K I S G R K Z L
N W A I D A E L D H X H N C S E O K T A
Z N N Q T I M E I C C A R T I L N V M N
T S P X L L S E E N H L Q I T L M P T A
G K R R W U I L G T G F M O E A E G Z T
L J A I F G L N V M M E M N R R N B F I
J H J N A E K R M K B K H A R D T K K O
C Z O W N F G X C O K I Q L E R A D N N
Z C Z T T X F V C Y O M Y U K C L Z L F
R E D N E G T A V X T R G E G R A H C R
Y F Q D E T S U J D A R E N Z M K J G H
F A S H L E Y S C H A E F F E R W F N K
```

SPIN CITY
PUZZLE #35

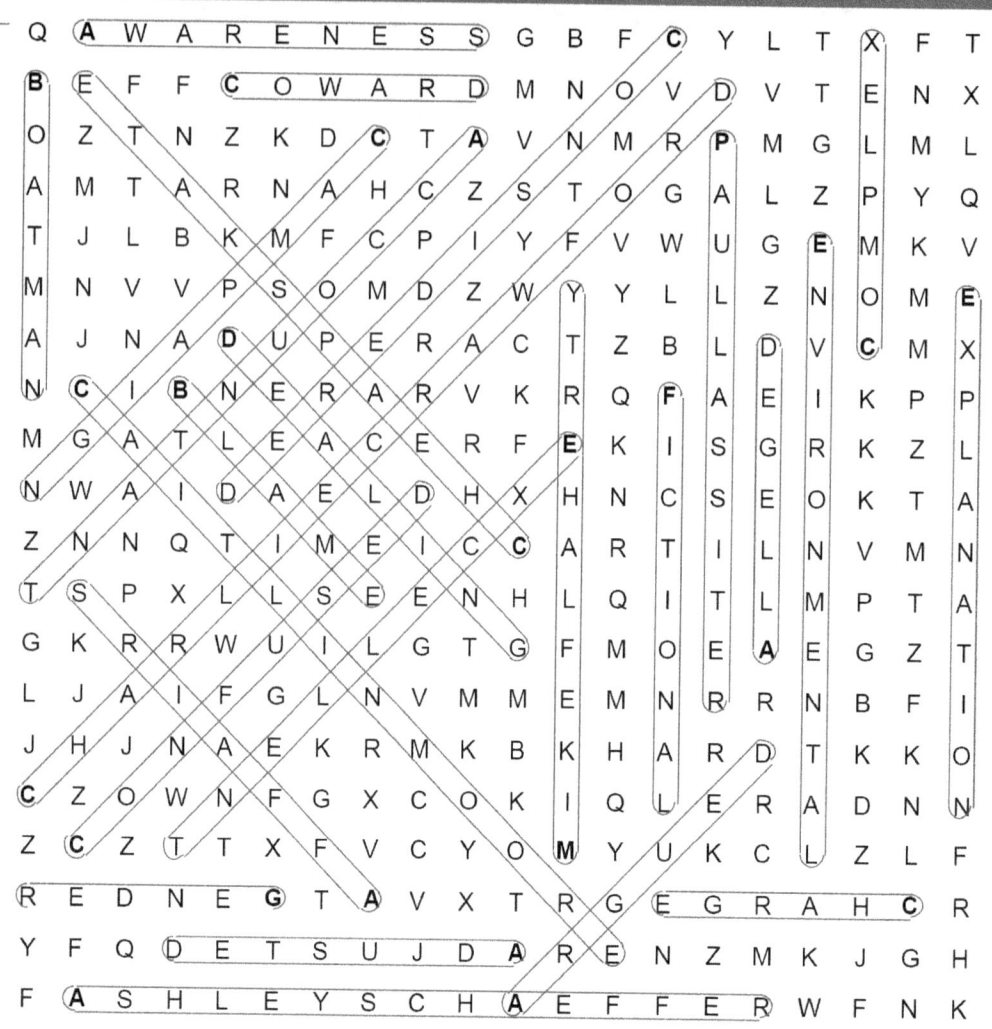

NORTHERN EXPOSURE |PUZZLE #36

- ACCORDING
- ACRES
- ADJUST
- AFRAID
- ALLERGY
- ASTRONAUT
- ATTRACTION
- AVIATOR
- BACKGROUNDS
- BELIEVE
- BREAKUP
- BUFF
- CLASHING

- CLERGYMAN
- CONFLICT
- CONTROVERSIAL
- CONVICT
- CREATED
- CURSE
- DEMEANOR
- DISPUTE
- HOLLING VINCOEUR
- JOEL FLEISCHMAN
- MAGGIE
- MAURICE MINNIFIELD
- _____

```
M R E S Y M A S T R O N A U T R Y D M M
W M A S H L A I S R E V O R T N O C L A
P R M V R E T S U J D A T R D V F K M C
N J V K I U L N L T L W B K L F H X B C
D G F R N A C L K V C K D G E P F R A O
I N Y V A K T M Y Y H I W T I M G T C R
S I G Z M K M O D T R N L Y F Z V K K D
P H B K H K H K R I A G B F I K F K G I
U S P D C F F U B C A M G K N W K G R N
T A N M S J Q T R W Y R B T N O W C O G
E L N Q I K M E Q N E K F O I L C L U K
B C Z L E B S D M I R D J A M C Y E N R
N E H O L L I N G V I N C O E U R R D O
C W L X F C M G X B R T C Y C B P G S N
F T N I L M A J R R C R G M I N J Y L A
L M Y N E M M E L I E R Q C R V F M M E
D R C L O V A R V A E L C Y U L G A K M
K R B P J K E N T L Z P T F A R X N V E
C D M T U H O E L M T K K J M P N L G D
T B K P B C D A Z A T T R A C T I O N J
```

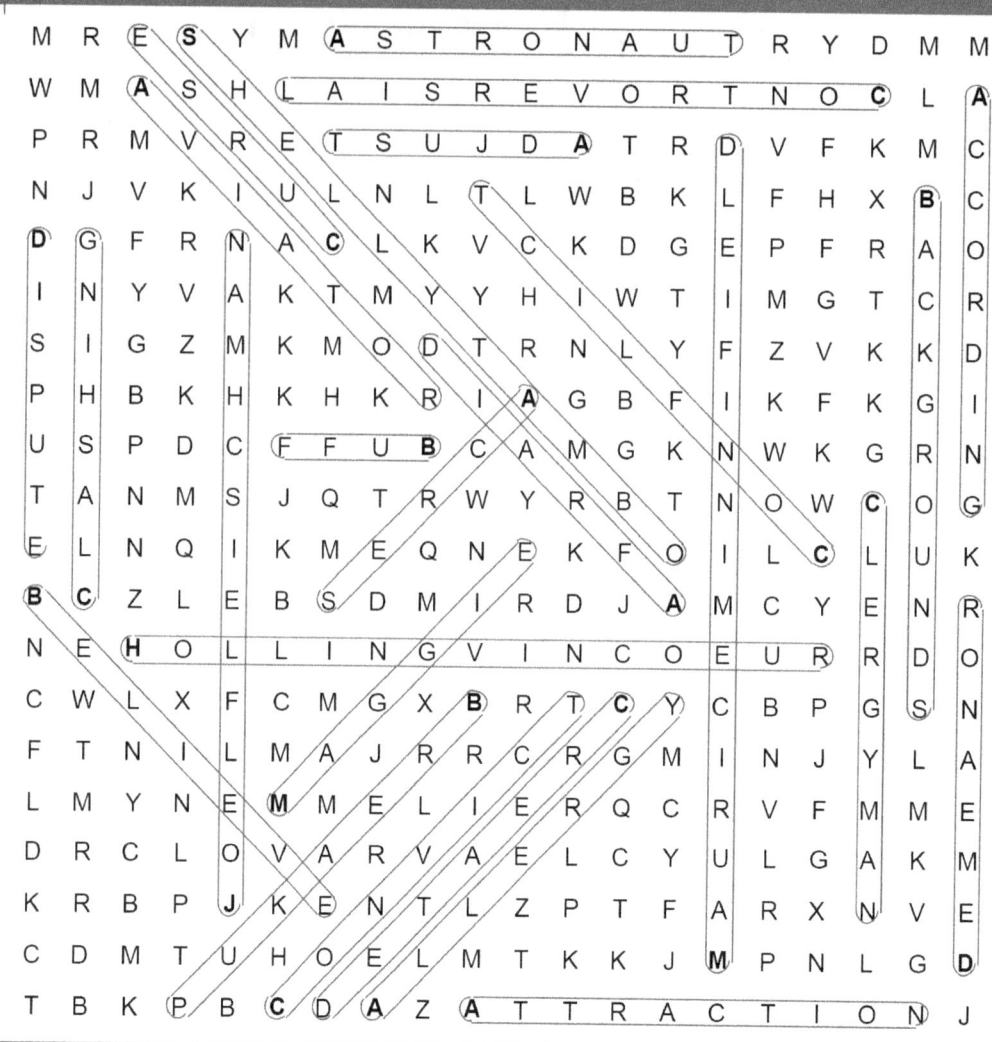

A N S W E R K E Y

ELLEN |PUZZLE #37

- ○ ADAM GREEN
- ○ AFFAIR
- ○ AFTERMATH
- ○ ANNOUNCED
- ○ ANNOYED
- ○ APARTMENT
- ○ ARRIVAL
- ○ ATTENTION
- ○ BABBLING
- ○ BARISTA
- ○ BOUGHT
- ○ CHEERFUL
- ○ CLOSET

- ○ CLUMSINESS
- ○ COFFEE
- ○ COMEDY
- ○ COMPLAINED
- ○ CRUSH
- ○ DEALING
- ○ DEPARTURE
- ○ DESTRUCTION
- ○ DIGRESS
- ○ ELLEN MORGAN
- ○ HOLLY
- ○ JOE FARRELL
- ○ _____

```
Q J L J H T D E S T R U C T I O N L M K
H P A P T D I G R E S S C B B K Y M C X
V D N T V H T A M R E T F A C O M E D Y
B E Z R T M Q Q M Z T B L P D P V M G E
G N L J K E T H G U O B J T N V T T E E
T I K K K W N L B Y X R Y G J Z N F K J
E A R R H N K T U H O L L Y W E F R C B
S L D N D A J D I F R A T K M O A G L B
O P E S D G O G E O R L D T C L D V G A
L M A S E R E M M C N E R A C K E N N B
C O L E Y O F L N Z N A E E M C P B K B
G C I N O M A C N L P U G H M G A Q B L
L T N I N N R C N A G I O A C R R D J I
R F G S N E R R M K A L F N I V T E P N
J Z N M A L E J Q P N F C S N N U X E G
N M L U C L L M D K A C T R T A R N P N
W V F L R E L F C I P A G X U R E J N M
N Q V C J R R L R V F F Z Z X S L F J R
M R A R R I V A L L F T Q M N N H Q K K
R M T V K F Q B B L R V Z M W X D N W B
```

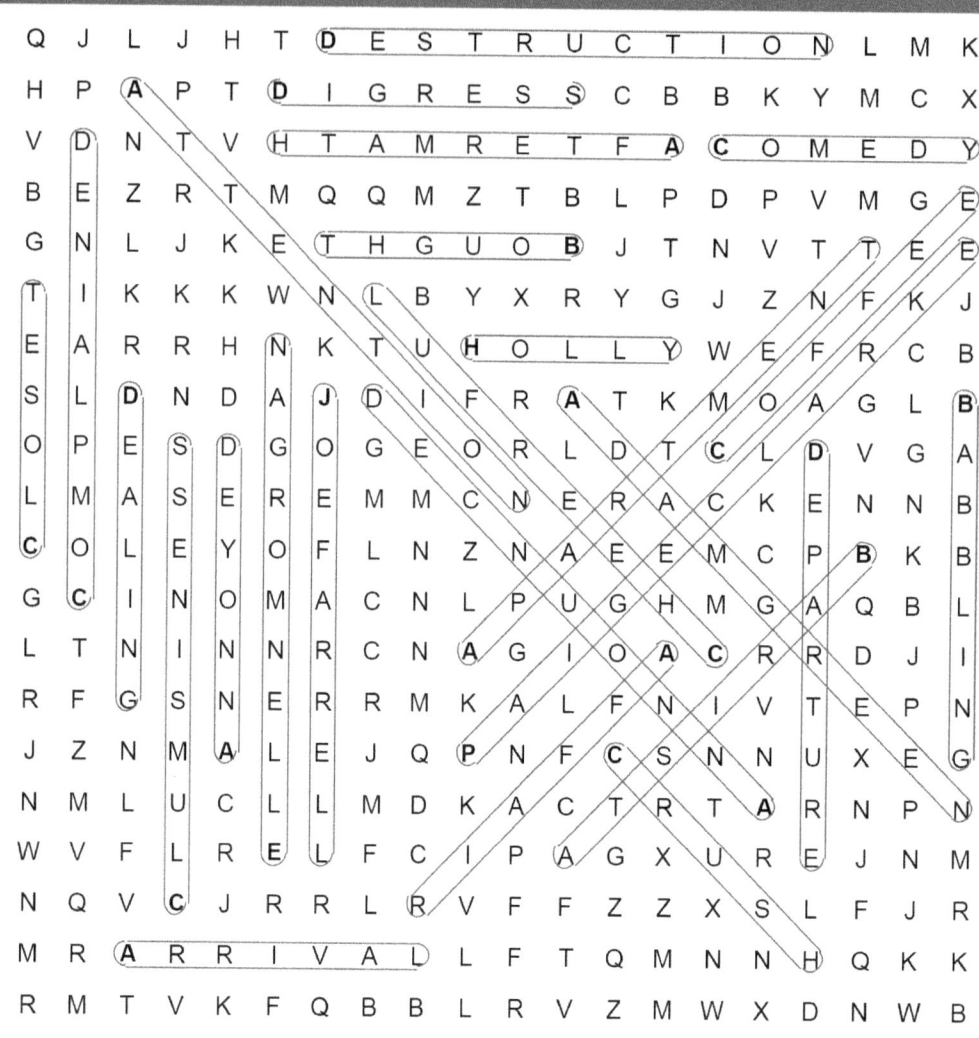

KING OF THE HILL |PUZZLE #38

- ACCESS
- ALCOHOLIC
- ANCHOR
- ANIMATED
- ARMY
- BELIEVING
- BOBBY
- CHAIN
- CHAMPION
- CONTROL
- COTTON
- DALE GRIBBLE
- DECISIONS

- DEPRESSED
- DISCIPLINED
- DIVORCED
- EMOTIONAL
- ENCOURAGED
- EXPLICITLY
- FREELANCE
- GARDNER
- GIBBERISH
- GRIBBLE
- HANK HILL
- LUANNE PLATTER
- _____

```
E K K C I L O H O C L A L Q J B V X G F
C M B E L I E V I N G Y T M J N K D W Z
N H E L B B I R G G G V L K K V D A L K
A G A M Y W R K M G A C P L L E E L K K
L X T I F P V H E R O R T T N N N E K K
E H N Y N V L P R N O E D I B C C G X V
E P Y C Y K F U T K M H L N L G O R J F
R N O T T O C R A O C P C X E L U I W T
F C R Z T H O T T N I S Z N N R R B C N
E H Q C N L R I K C N H N K A W A B L T
X A L P R K O K S D M E H O Y Z G L Q M
P M C X H N K I G E X L P W I R E E K A
L P D R A W D I C S N L J L N S D K C K
I I E L B O B B Y S B L M G A M I C Y Y
C O T K D B Q G L E M I R X Y T E C M L
I N A Z E C J V G R L H W M V S T R E L
T G M R P M W X R P N K L M S C A E B D
L F I D H C C D Q E Y N J D Q N G R R D
Y S N F B V R Z M D L A D I V O R C E D
H M A Q W R M B L Z F H Y P L J D K D R
```

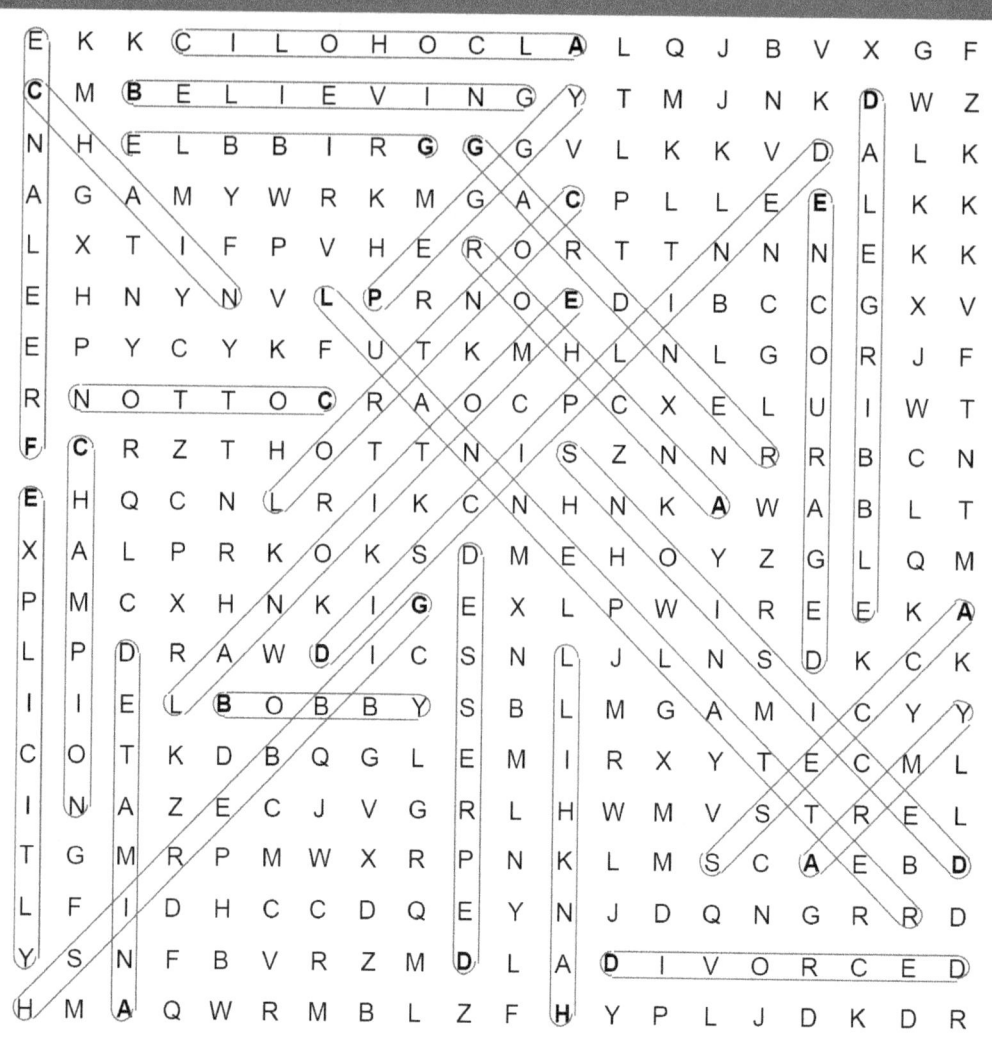

A N S W E R K E Y

LA LAW |PUZZLE #39

- ○ ACQUITTAL
- ○ ANN KELSEY
- ○ ANTAGONISTS
- ○ ARNIE BECKER
- ○ ARRESTED
- ○ ATTORNEY
- ○ BEATING
- ○ BISEXUAL
- ○ BROKE
- ○ CAUSED
- ○ CHRONIC
- ○ COMBINED
- ○ CONTROVERSY

- ○ DISABLED
- ○ DIVORCE
- ○ DOUGLAS
- ○ ELEVATOR
- ○ ENACTED
- ○ EULOGY
- ○ FIRED
- ○ FODDER
- ○ FRUIT
- ○ GORILLA
- ○ GRIPPING
- ○ LELAND MCKENZIE
- ○ _____

```
R D K J X Z C T V T V M Z L R M H Y M V
B I S E X U A L N R K E N A C T E D M N
S T S I N O G A T N A R B B C T N R K
A D E N I B M O C R O S M Q R E D D O F
X N L V G G M T P T Y T D F D O Y M P G
D Y N X R K K S A Y M U K E M T K K X B
K E T K F H A V C D M A Y I H C I E R T
G N T C E L E G Z A H R J Z L M C U T M
X T V S G L N N C A Z T F N C R O G R D
H Y P U E I S Q X L Q M T E Y N N W E F
H M O N P R U E W L Z A R K E R T N C V
D D C P D I R C Y I B R N C N F R Z R M
L H I F T E H A C R P K C M R R O M O W
W R L T E R L G V O M O A D O B V D V J
G D A X O U N B R G K W U N T B E Y I B
Q L M N F I L R A F V I S A T P R Q D Q
T Z I I T G G O F S X T E L A D S R W H
X C R A W B B T G M I Z D E J L Y K N L
V E E C W M R R R Y K D Q L K R W G N J
D B P M D W A R N I E B E C K E R Z N N
```

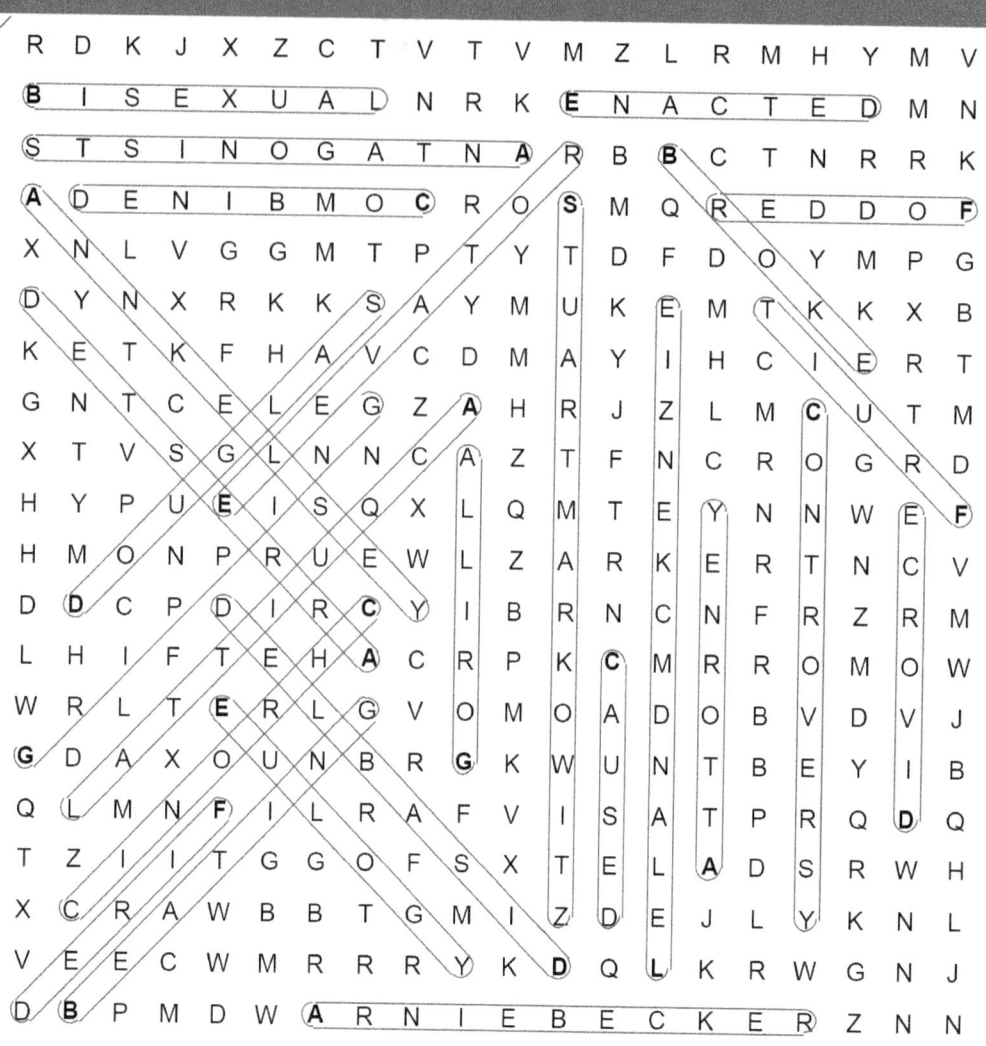

ANSWER KEY

MARRIED...WITH CHILDREN |PUZZLE #40

- ACHIEVEMENT
- ADOLESCENT
- ADVANTAGE
- AFFLICTED
- AL BUNDY
- AMAZONIAN
- ASSAULTING
- BACKWOODS
- BANKER
- BARTERING
- BELITTLING
- BLIND
- BLONDE
- CAMPUS
- CAUGHT
- CHANCELLOR
- CHAUFFEUR
- CHAUVINISTIC
- CRAZY
- CRIMINAL
- CURSE
- DEBT
- KELLY
- MARCY
- PEGGY
- _____

```
T G N D R H S T N A S S A U L T I N G C
X W K D N K G T G M K L T Z C Z C J T H
J L G Z H I Z T E W T F D M B F B L R A
T M A W H N L T P V J K C E K J F G B N
E X T N D B N B B Y E V Q S E L F P A C
D K B N I M W A V D Q P L R L B Y I N E
N W D A T M R J D N L C X U L Z N D K L
O V E M C T I X Y U E Q H C Y O T G E L
L Y T Z E K Y R J B V G K A Z K S H R O
B V C R T F W N C L V A A A U U X K K R
F N I R K L M O K A C B M T P F T G L Z
T N L N T K Y M O H M A T M N K F T J P
G T F Q C G V R I D W Z A C K A B E L K
B R F R G J D E K W S C K L Y E V W U W
K R A E B T V M A R C Y M M D R V D M R
T Z P J Y E V N G N I L T T I L E B A M
Y X L T M K C I T S I N I V U A H C Z G
V H F E B V H N N T N E C S E L O D A C
N Q N N R D K L M D N G H W D R R B Y G
C T C A U G H T L R M R H K R Y F Q D Y
```

MARRIED...
WITH CHILDREN
PUZZLE #40

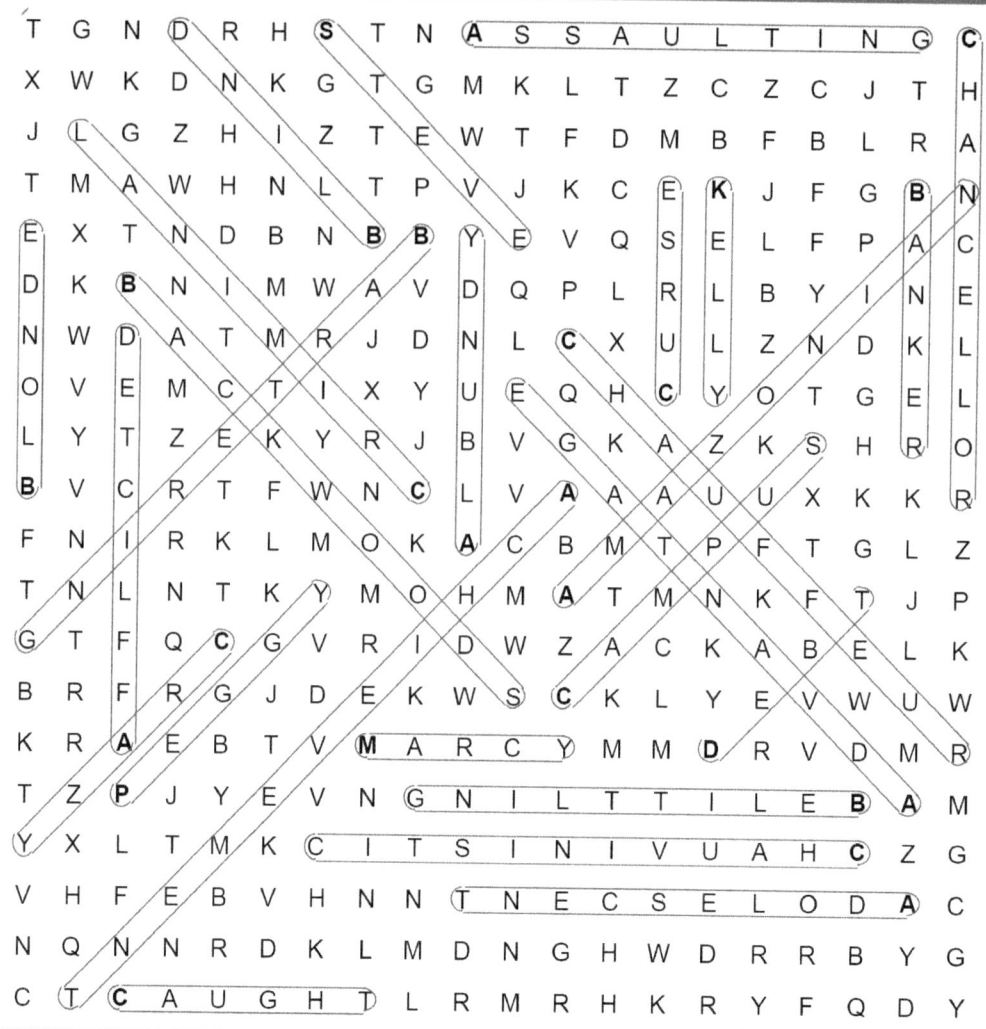

ANSWER KEY

THE WONDER YEARS |PUZZLE #41

- ○ ACCIDENT
- ○ ADMIRES
- ○ BROKEN
- ○ BULLY
- ○ CHILDHOOD
- ○ CONFRONTS
- ○ CRUSH
- ○ DANCE
- ○ DATING
- ○ DESPERATE
- ○ ENJOYING
- ○ FACE
- ○ FEELINGS

- ○ FORTUNE
- ○ GIRLFRIEND
- ○ GRADUATES
- ○ HARVARD
- ○ HEARTBEAT
- ○ INABILITY
- ○ JACK ARNOLD
- ○ JOCK
- ○ KEVIN ARNOLD
- ○ KILLED
- ○ NORMA ARNOLD
- ○ PAUL PFEIFFER
- ○ _____

```
P B J L G E T A R E P S E D W R R L C B
P A Y G B I D K T P D Y Z Q T T S D Y D
J C U B N B R H V O M L T P B G E K V H
K J L L B E W L O B D G T I N L D C A L
K M C T P X K H F A Z C N I L L R R K D
D Z X R J F D O C R D F L I O I V V C A
D Q L D U L E C R A I E K N Y A B X O N
V F T R I S I I T B E E R T R O T A J C
W Y T H M D H I F F W A N D Y G J P N E
I W C F E V N N J F K N Z D Y D M N R I
N N H N X G H W M C E M C H L L K N E V
N G T F L P X N A L P R N R D O J M G G
I R N M X N Q J W Y V T X N T N M J H R
E C B W M T J S E R I M D A G R C L C A
C N N N O R M A A R N O L D Z A Y N K D
O H Z T A E B T R A E H J Y N N L T D U
O Z G L H X C M C L N T L W K I L Q E A
P T W T F R G X R P Q X W P L V U V C T
E F C L T C O N F R O N T S M E B N A E
R C F O R T U N E K L N V R K K P Q F S
```

THE WONDER YEARS
PUZZLE #41

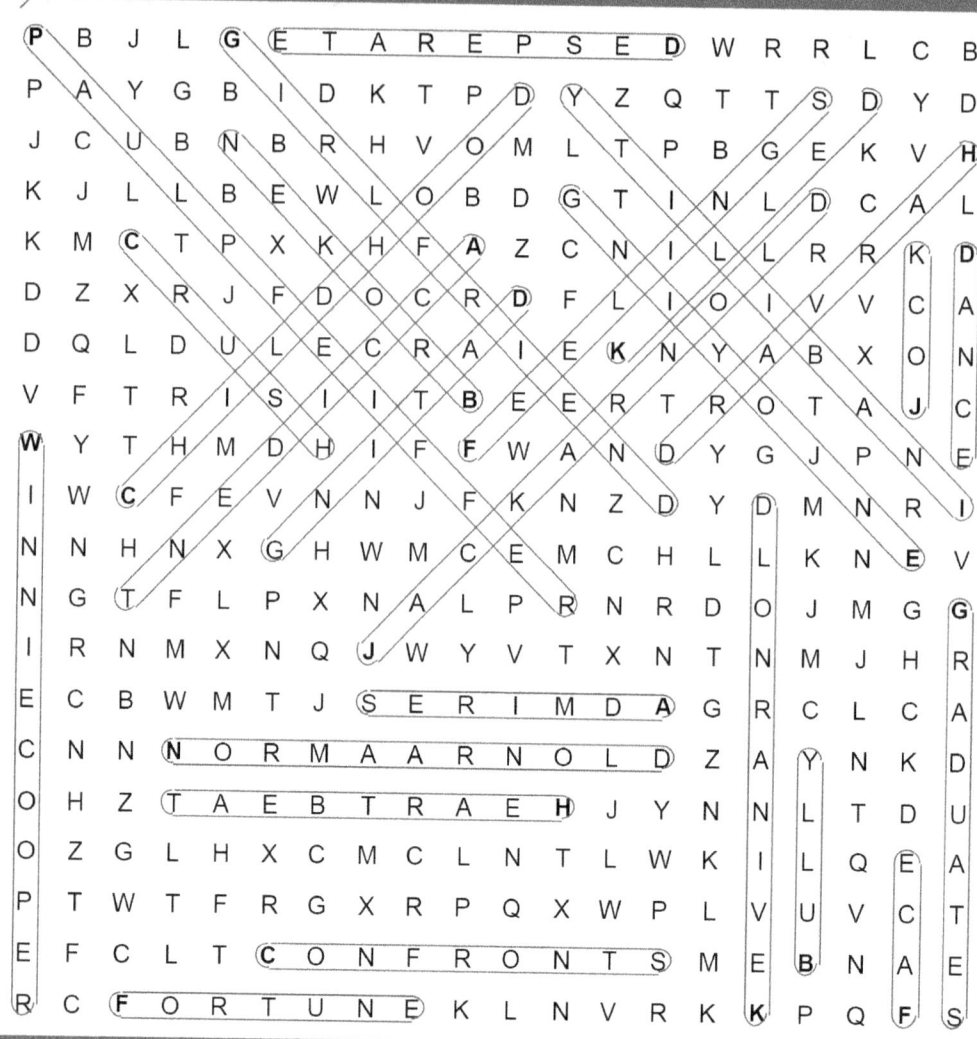

CHICAGO HOPE |PUZZLE #42

- ○ AARON SHUTT
- ○ ADOPTED
- ○ ANEURYSM
- ○ BATTLE
- ○ BILLY KRONK
- ○ BRAIN
- ○ CARDIAC
- ○ CHAINSAW
- ○ DEMEANOR
- ○ DENNIS HANCOCK
- ○ DROWNED
- ○ EMOTIONAL
- ○ FIGHTING
- ○ GUNSHOT
- ○ HEALTHCARE
- ○ HEART
- ○ INFANT
- ○ INJURED
- ○ JEFFREY GEIGER
- ○ JOINED
- ○ MALICIOUS
- ○ NEUROSURGEON
- ○ OPERATE
- ○ PHILIP WATTERS
- ○ PSYCHIATRIC
- ○ _____

```
M X B K I D G N I T H G I F T B T M M N
N M L I R N E F C H A I N S A W V C X Z
G K F T L K J M S Y R U E N A J R R W T
P T K J R L L U E L J T K M V N L K M K
B L D G R K Y N R A E W O A E X Q S C L
F J E N X H N K M E N T D H V L R N I L
K W N R T M Y G R X D O A Z S E T L R X
E N N L N N Q C F O P H R R T N R T T F
R I I M T V R K F T N O P T E E U M A P
A A S T J K T N E R T K A C M P A G I B
C R H T O L M D Z A P W A O M L O M H J
H B A U I F M M N R P I T R I F K Y C D
T W N H N H G E P I D I M C F K Y T Y R
L B C S E F S G L R O C I L K K R Q S O
A P O N D N V I A N M O T W P A N P P W
E T C O K K H C A Y U T B L E K T B N N
H Y K R N P K L B S N M N H L B L Z R E
I N F A N T N O E G R U S O R U E N P D
N C B A Z K J E F F R E Y G E I G E R X
T R M Y Y T B L N D K M R T H H H B M M
```

A
N
S
W
E
R

K
E
Y

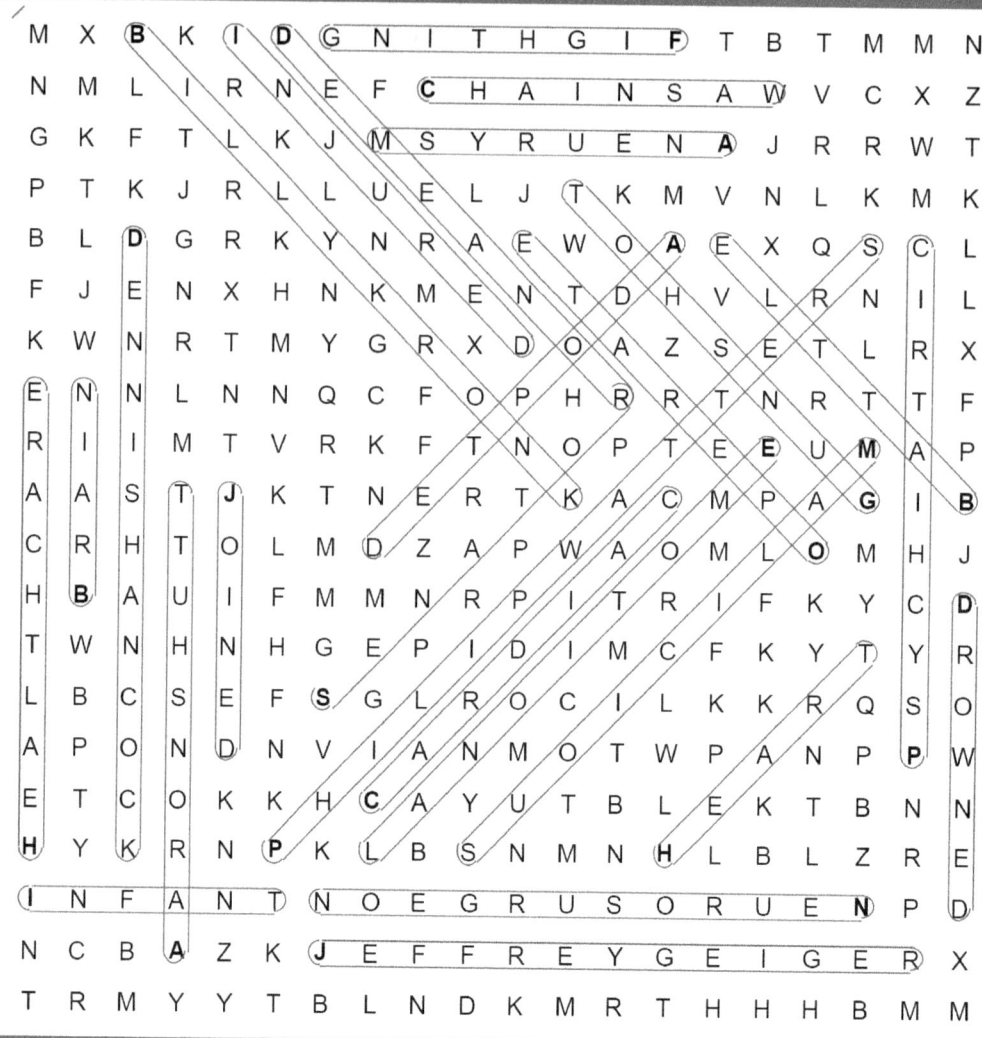

```
M X B K I D G N I T H G I F T B T M M N
N M L I R N E F C H A I N S A W V C X Z
G K F T L K J M S Y R U E N A J R R W T
P T K J R L L U E L J T K M V N L K M K
B L D G R K Y N R A E W O A E X Q S C L
F J E N X H N K M E N T D H V L R N I L
K W N R T M Y G R X D O A Z S E T L R X
E N N L N N Q C F O P H R R T N R T M P
R I A L M T V R K F T N O P T E E U M A
A A R J K T N E R T K A C M P A G I B
C R H O L M D Z A P W A O M L O M H J
H B A I F M M N R P I T R I F K Y C D
T W N N H G E P I D I M C F K Y T R
L B C S E F S G L R O C I L K K R Q O
A P O D N V I A N M O T W P A N P P W
E T C O K K H C A Y U T B L E K T B N N
H Y K R N P K L B S N M N H L B L Z R E
I N F A N T N O E G R U S O R U E N P D
N C B A Z K J E F F R E Y G E I G E R X
T R M Y Y T B L N D K M R T H H H B M M
```

LAW AND ORDER |PUZZLE #43

- ALCOHOLIC
- AMICABLE
- BANISHED
- BASIS
- BENSTONE
- CANDIDATES
- CONVICTION
- CRIMES
- DEPARTMENT
- DETECTIVES
- DONALD CRAGEN
- ENDEAVORS
- EXPLANATION

- FIRED
- GAMBLER
- GUNSHOT
- HINTED
- INCORPORATE
- INVESTIGATOR
- JURY
- LOOSE
- MANNERISMS
- MAX GREEVEY
- MIKE LOGAN
- MOBSTER
- _____

```
B D C L T W S E T A D I D N A C L B T X
L P E J K L I N C O R P O R A T E V F E
Q K K H T V K I N V E S T I G A T O R X
F Y F X S N O I T C I V N O C H Q C K P
J I J Q M I G N S R O V A E D N E N Z L
K S R M T C N D N D Q W B T H H M P X A
G I K E E L B A C I M A K E V V M A L N
M S L J D T G M B L Y M S N N P L U R A
B A R T X O O S A T E R M D D S F L M T
T B T L L B E L Y O V Q S E C R T R K I
J D M E S M C R Y H E K I T N W Z O K O
K M K T I O N R G S E D R E T X F B N N
Y I E R H Y H A L N R T E C L W T I Z E
M R C O R L M V M U G M N T H R L N X V
J F L U T B O Z T G X X N I N H F E Y X
R I J J L W H O C K A X A V L I M T K J
C J B E B Y J G S D M C M E T H H T N P
D C R L N B X K K E L Q B S R F N E T Z
K L D E P A R T M E N T T G R Q Z T T D
B D O N A L D C R A G E N J M P T R P K
```

LAW AND ORDER
PUZZLE #43

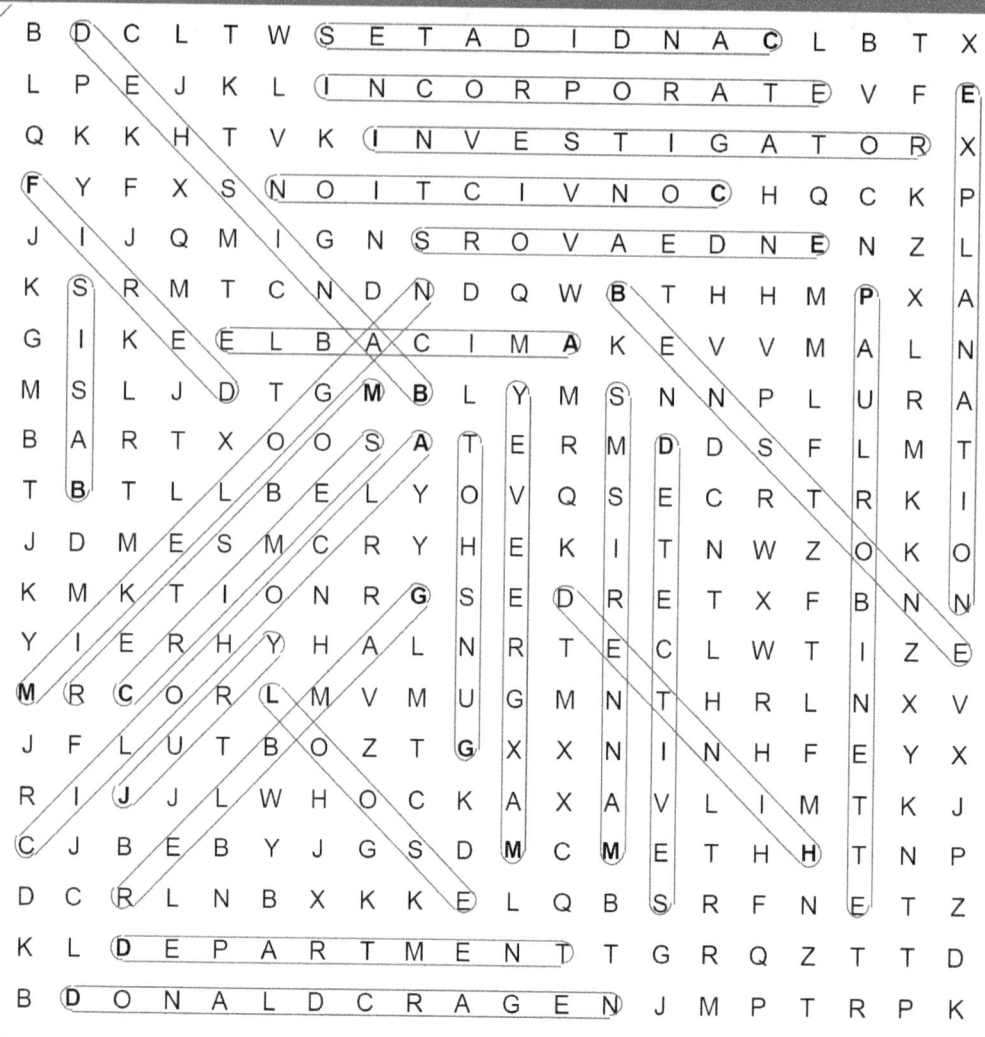

PICKET FENCES |PUZZLE #44

- ABORTION
- ALZHEIMER
- BOMBASTIC
- COMBUSTION
- CONVICTIONS
- DECAPITATED
- DISPATCHER
- ELECTION
- EXPLODING
- FETISHISM
- FREEZER
- HOLOCAUST
- ILLUSTRATIVE

- IRRITATED
- JAILED
- JILL BROCK
- KENNY LACOS
- KIMBERLY
- LAWYER
- MARRIAGE
- MAXINE STEWART
- MAYORS
- POLICE
- RACISM
- ROBBERY
- _____

```
M A X I N E S T E W A R T N R K Q T M I
W S L K N K C R E H C T A P S I D T R J
B N X T R W K G T L K H F M F T B R R N
B O M A R R I A G E W E C R M K I X M K
G I F Y L T M R M I Y T N V E T P R Q N
K T E L R M B K D L M X F N A E E L O Z
N C T R M J E P E L M C V T Y Y Z I M V
O I I M K K R C T U I C E L W L T E T X
I V S T J T L J A S J D I A D C A R R P
T N H N P H Y Y T T F H L T E E M C K Y
S O I H Y B R A I R F M M L S A L T O V
U C S D M E B W P A I H E S Y A B I K S
B B M K B O P R A T R R O O I M B C A L
M M N B R N C W C I R J R L L C O M B J
O C O T P Z N Y E V E S R K O R A M O T
C R I H W C L Z D E H M D Y B C K R J B
M O E C I L O P M V S F T L N N A T T Y
N C C R E M I E H Z L A L L G M M U Z V
R E X P L O D I N G K I L N J R R R S W
B L R L G N M P Q T J M W D N N T V C T
```

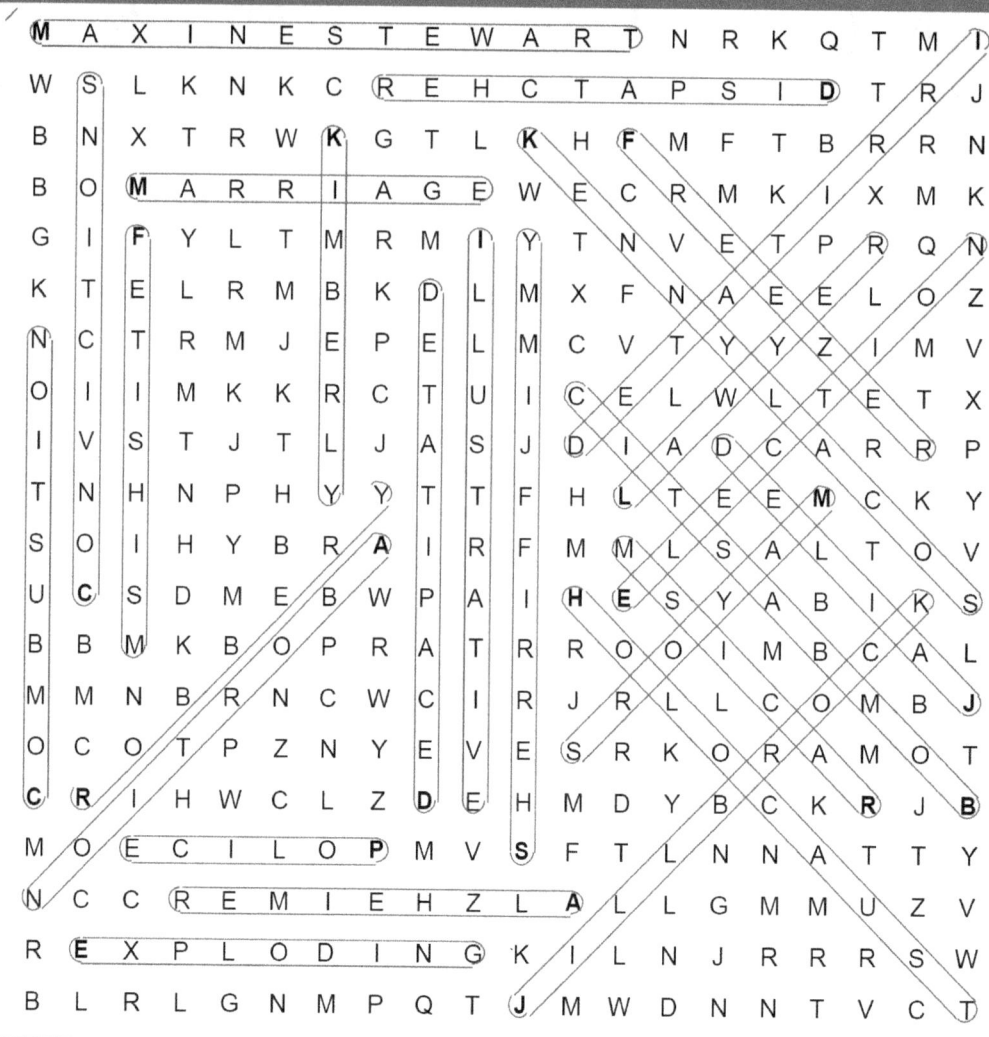

MELROSE PLACE |PUZZLE #45

- ADULTEROUS
- ALISON PARKER
- AMBITIOUS
- BEFRIENDS
- BUDDING
- COMPLEX
- CONNIVING
- DEPARTURE
- JAKE HANSON
- JANE MANCINI
- MAT FIELDING
- MEMORIAL
- MOTORCYCLE
- OPPORTUNISTIC
- PHOTOGRAPHER
- PROSTITUTE
- RECEPTIONIST
- RESTAURANT
- RUTHLESS
- SANDY HARLING
- SAVANT
- SEDUCTIVE
- TENANT
- TROUBLE
- VILLAINOUS
- _____

```
K Y M I R M S A N D Y H A R L I N G K X
G M S N S E T X P M X K H G D B N M M E
N J U I A M H Y J E A K E M Q M Y L M T
I A O C V G M P L F H T C L O J W K M U
D K N N A Z D P A T V A F T B F R N V T
D E I A N Q M E B R D Z O I R U T K S I
U H A M T O W K P U G R P E E S O E V T
B A L E C G V R L A C O K G I L D R Y S
K N L N R W B T J Y R R T N N U D H T O
H S I A Q U E V C F A T O O C R T I K R
M O V J X R T L R P S I U T H L D M N P
E N T N O Q E H N G T D I R A P T Y D G
M N N U G R K O L P Q V N E E M R Y R Z
O V S K Y W S M E E E K W E F W Y M N W
R H T Q R I K C K T S X L B I Z N H G J
I R T T L Q E T Y R E S T A U R A N T J
A M N A B R R T N A N E T Y J C F F F L
L G B H C O N N I V I N G G N F K E W W
C G T R N P S U O I T I B M A M H H B M
D C I T S I N U T R O P P O K L Z P L R
```

MELROSE PLACE
PUZZLE #45

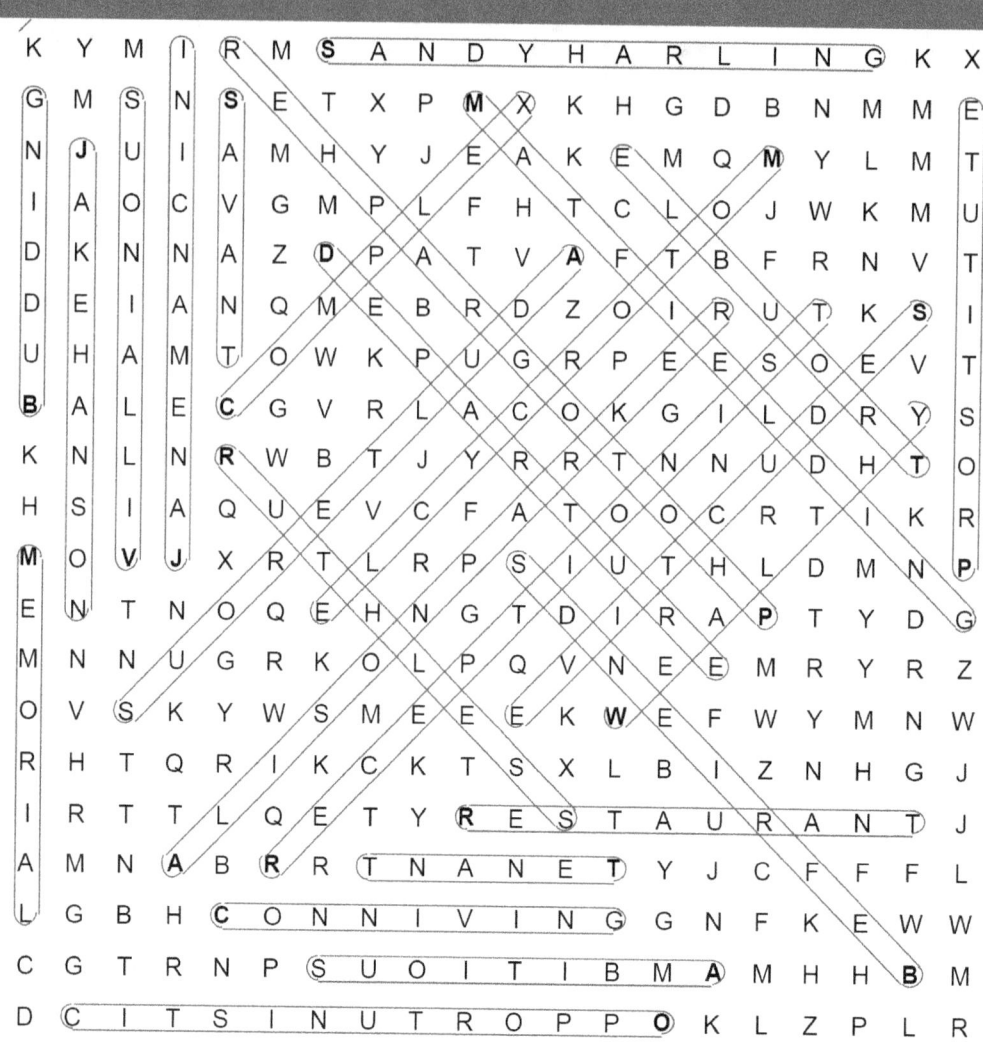

MAD ABOUT YOU |PUZZLE #46

- ○ APARTMENT
- ○ BINGO
- ○ BUDDHISM
- ○ CHASES
- ○ CRASHING
- ○ ENDEARING
- ○ EXCUSE
- ○ FILMMAKER
- ○ FRAN DEVANOW
- ○ FRONTIER
- ○ GROCERY
- ○ HIDDEN
- ○ INSECURITY

- ○ JAMIE
- ○ JOKES
- ○ LAUNDRY
- ○ LIFETIME
- ○ LISA STEMPLE
- ○ MAUI
- ○ NEUROSIS
- ○ OBSTETRICIAN
- ○ PAUL BUCHMAN
- ○ POSITION
- ○ PSYCHOLOGICAL
- ○ RECONCILE
- ○ _____

```
P M R F C M D F Q E M K N E D D I H P L
S R G Q M V C M I A Q W C G Z D C L G N
Y T N N K K N M P L L R N W T G Z R V N
C N M A U I A A X F M F R R R B Q H P K
H A W R B J R R R W N Y H O F K F Q G D
O I L K N T N M Q C W H C J X R C N V Y
L C F I M F M R Q Z M E F F J T I M F K
O I Y E F O G N I B R R R P F R M M R F
G R N T T E J Q D Y G E A G A L F G O Q
I T F L I L T K N M L C N E G N S N N V
C E X I I R H I P P K O D N N A E I T N
A T B C L S U F M N Q N E E I M S H I O
L S W M N M A C N E E C V U G H A S E I
M B K J S M M S E M Z I A R N C H A R T
L O T M L I K A T S D L N O E U C R R I
Z X J W S C H L K E N E O S V B L C Y S
R C L E P Z N D W E M I W I A L H T J O
M P K R H C J R D W R P H S C U J R N P
B O L K H T E X C U S E L T S A F N X Q
J Z L A U N D R Y R B N B E P P P T C Y
```

MAD ABOUT YOU
PUZZLE #46

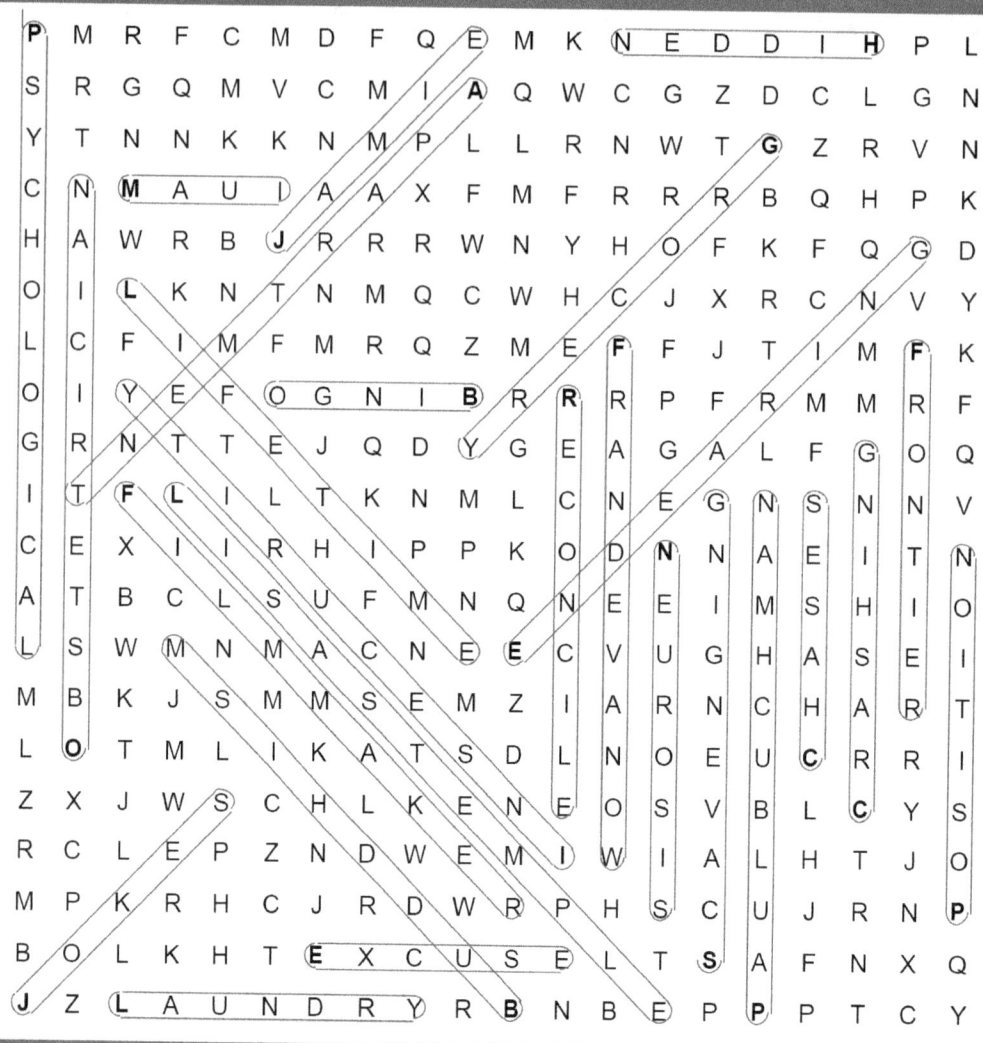

MURPHY BROWN |PUZZLE #47

- ○ ALCOHOLIC
- ○ BRAND
- ○ CAPITAL
- ○ CELEBRITY
- ○ COMPETITOR
- ○ CORKY SHERWOOD
- ○ DAREDEVIL
- ○ DOMINATING
- ○ ELDIN BERNECKY
- ○ EMPLOY
- ○ ENCOUNTERED
- ○ FAME
- ○ FRESH

- ○ GUIDE
- ○ HATED
- ○ HIRED
- ○ IDENTITY
- ○ INSECURITIES
- ○ INVESTIGATIVE
- ○ JIM DIAL
- ○ JOURNALISM
- ○ LIFESTYLE
- ○ MAGAZINE
- ○ MURPHY BROWN
- ○ NETWORK
- ○ _____

```
Q G P W N E L V Z M H I R E D J K P N A
L K V T E N L I Z L N K E M A F G F L Q
I L G Q T C E N D A R E D E V I L C X J
F M Z H W O V S E N B N T T D M O B O W
E X L N O U I E L W M P D E M H P U R G
S G H J R N T C D O N T T D O R R W F R
T K T H K T A U I R X A P L T N D R T R
Y H R R Y E G R N B H L I Y A K W D O K
L M S J G R I I B Y L C Q L F Y O T D Q
E Y R E J E T T E H V P I R A O I O X C
J T R J R D S I R P H S N D W T M P W Y
K I J Y Z F E E N R M F X R E I I Q M R
L R M E R K V S E U M D E P N N C P Q M
Z B R D M K N T C M P H M A Z H T V A Q
K E E W I P I H K M S O T W K G L I N C
T L D T D A L Y Y Y C I M C V Y F W T G
G E I R R V L O K N N X H M Q X N W K Y
J C U J L B R R Y G M N K P H I L K R K
K D G M Z K O R D N A R B J M N X N J D
J D N N C M X G E N I Z A G A M K K Z
```

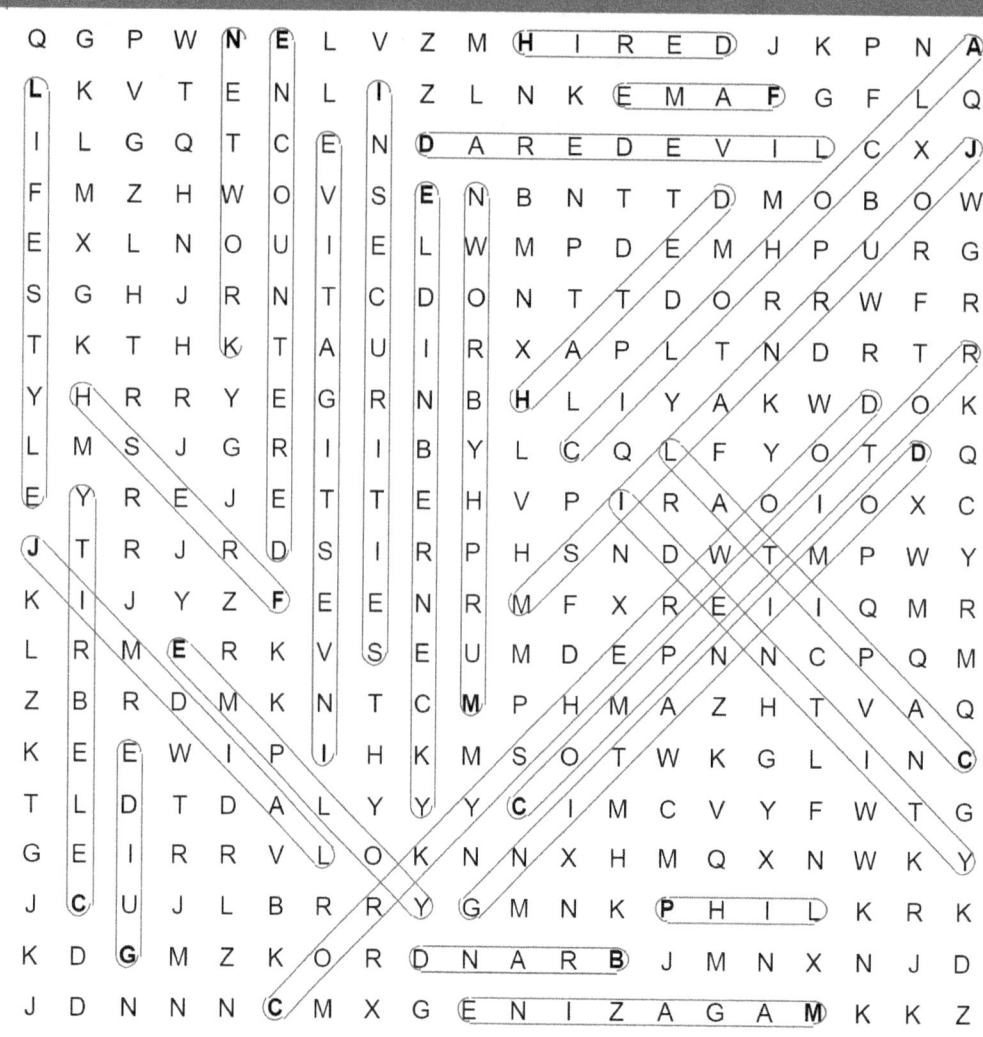

THE POWERPUFF GIRLS |PUZZLE #48

- ○ ACTION
- ○ BLOSSOM
- ○ BUBBLES
- ○ BUTTERCUP
- ○ CHEMICAL
- ○ DEFEND
- ○ DOMINATING
- ○ ELEMENTS
- ○ FIGHTER
- ○ FLIGHT
- ○ FUTURISTIC
- ○ GIANT
- ○ HUMOROUS

- ○ INGREDIENT
- ○ INVULNERABILITY
- ○ JOURNAL
- ○ LAUGHTER
- ○ LIGHTNING
- ○ MONSTERS
- ○ MYSTERIOUS
- ○ OCTOPUS
- ○ PIGTAILS
- ○ POWERPUFF
- ○ PROFESSOR
- ○ RIVALRIES
- ○ _____

```
J W B L C F U T U R I S T I C N N Y G X
K J K N Y T I L I B A R E N L U V N I N
F V L G N I T A N I M O D L T P I Z K C
M J Y N M O N S T E R S L H F N D G R R
K S E I R L A V I R R L G T T E G P E D
B U T T E R C U P W R I L H F F O R T T
M R R N C M X M H M L Q G E M W N Y H K
N L R M H X D M Y F J I N P E Z K T G G
R T C T E K K M R T L D Y R N K X I U D
E Y Y N M M N Y M L D R P N R R N R A M
T R C N I O S S P D A U D L V G X U L H
H R K X C S P T R I F N Z A R N G C R U
G O N V A S T E N F G K R E C V P E C M
I S M W L O P R L E Z T D U S T M S V O
F S T H M L J I C R M I A E O D I D N R
T E G Q B B K O P R E E L I Q J R O L O
M F R I R K P U L N R B L T L F Q M N U
Z O W W A L R S T R B Z T E L S C B F S
T R K J K N L Y K U O C T O P U S D B Z
Q P L D M V T L B D J M P T F N R T Z K
```

THE POWERPUFF GIRLS
PUZZLE #48

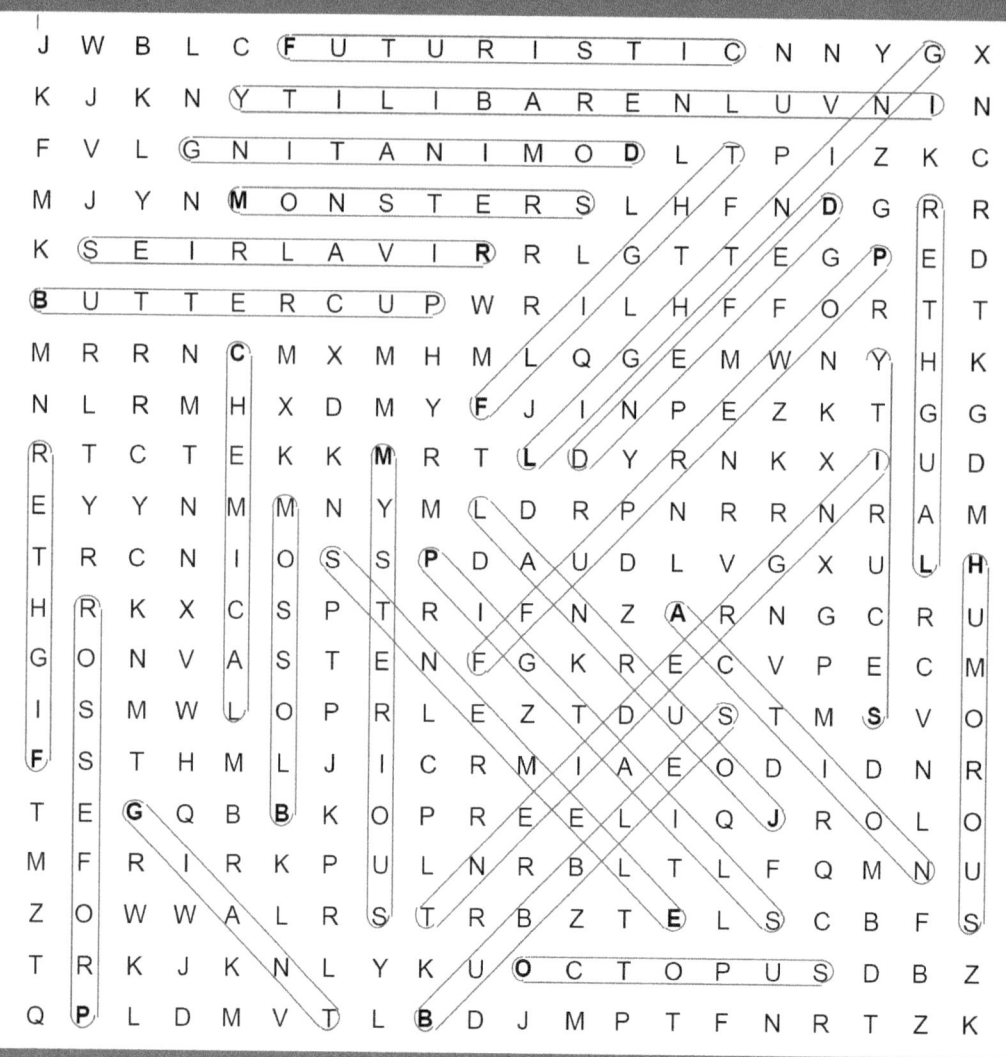

A
N
S
W
E
R

K
E
Y

```
J  W  B  L  C (F  U  T  U  R  I  S  T  I  C) N  N  Y  G  X
K  J  K  N (Y  T  I  L  I  B  A  R  E  N  L  U  V  N) I  N
F  V  L (G  N  I  T  A  N  I  M  O  D) L  T  P  I  Z  K  C
M  J  Y  N (M  O  N  S  T  E  R  S) L  H  F  N  D  G  R  R
K  J  N (S  E  I  R  L  A  V  I  R) R  L  G  T  T  E  G  P  E  D
B  U  T  T  E  R  C  U  P) W  R  I  L  H  F  F  O  R  T
M  R  R  N  C  M  X  M  H  M  L  Q  G  E  M  W  N  Y  H  K
N  L  R  M  H  X  D  M  Y  F  J  I  N  P  E  Z  K  T  G  G
R  T  C  T  E  K  K  M  R  T  L  D  Y  R  N  K  X  I  A  D
E  Y  Y  N  M  M  N  Y  M  L  D  R  P  N  R  R  N  R  L  M
T  R  C  N  I  O  S  S  P  D  A  U  D  L  V  G  X  U  L  H
H  R  K  X  C  S  P  T  R  I  F  N  Z  A  R  N  G  R  M
G  N  V  A  S  T  E  N  F  G  K  R  E  C  V  P  E  M
I  S  M  W  L  O  P  R  L  E  Z  T  D  U  S  T  M  S  V  O
F  S  T  H  M  L  J  I  C  R  M  I  A  E  O  D  I  D  N  R
T  E  G  Q  B  B  K  O  P  R  E  E  L  I  Q  J  R  O  L  O
M  F  R  I  R  K  P  U  L  N  R  B  L  T  L  F  Q  M  N  U
Z  O  W  W  A  L  R  S  T  R  B  Z  T  E  L  S  C  B  F  S
T  R  K  J  K  N  L  Y  K  U  O  C  T  O  P  U  S) D  B  Z
Q  P  L  D  M  V  T  L  B  D  J  M  P  T  F  N  R  T  Z  K
```

THE FRESH PRINCE OF BEL-AIR |PUZZLE #49

○ ATTRIBUTED
○ BASKETBALL
○ BRIDGE
○ CARLTON
○ CAUSING
○ CLASHES
○ DAPHNE MAXWELL
○ DESCRIBED
○ FAMILY
○ FRESH PRINCE
○ HUMOROUS
○ INTERIORS
○ KITCHEN

○ LIFESTYLE
○ MANSION
○ NEIGHBORHOOD
○ OPPOSED
○ PERFORMED
○ PHILIP BANKS
○ RAISED
○ REBUILT
○ STREET
○ TEENAGER
○ VANITY
○ WEALTHY
○ _____

```
N N Q P E R F O R M E D H C F R V K L J
K R N L L Y H T L A E W U A L P N Q B L
P H I L I P B A N K S M M M R D G W V N S
O N P J K M W D B N Y D O L R J D T T Z
P H N M D Y E K G C X N R T G Y J R X Y
P G Q O D S Y D L W K K O O Q L E M T I
O W W R I A W G N F N D U N A E E I N F
S M Q A D S P C R W A R S T T C N T H J
E R R K O T N H K E V M T B N A E F T F
D Y G C O T N A N X B R I I V R G S I R
P J R P H N N D M E I U R L I M E W M L
D E S C R I B E D B M P I O Y H L P S I
X T F X O W G E U J H A R L S G M C L F
N M L F B Q K T G S T S X A T R X G L E
T W J K H V E P E D L P L W K C L N I S
X P P L G D Y R R R I C Q L E R R I W T
B N L D I P F F Z L V R L X W L T S B Y
D H J R E G A N E E T B B G X K L U Y L
Z F D M N J K G M N E H C T I K X A N E
L M R J H L L A B T E K S A B V N C L L
```

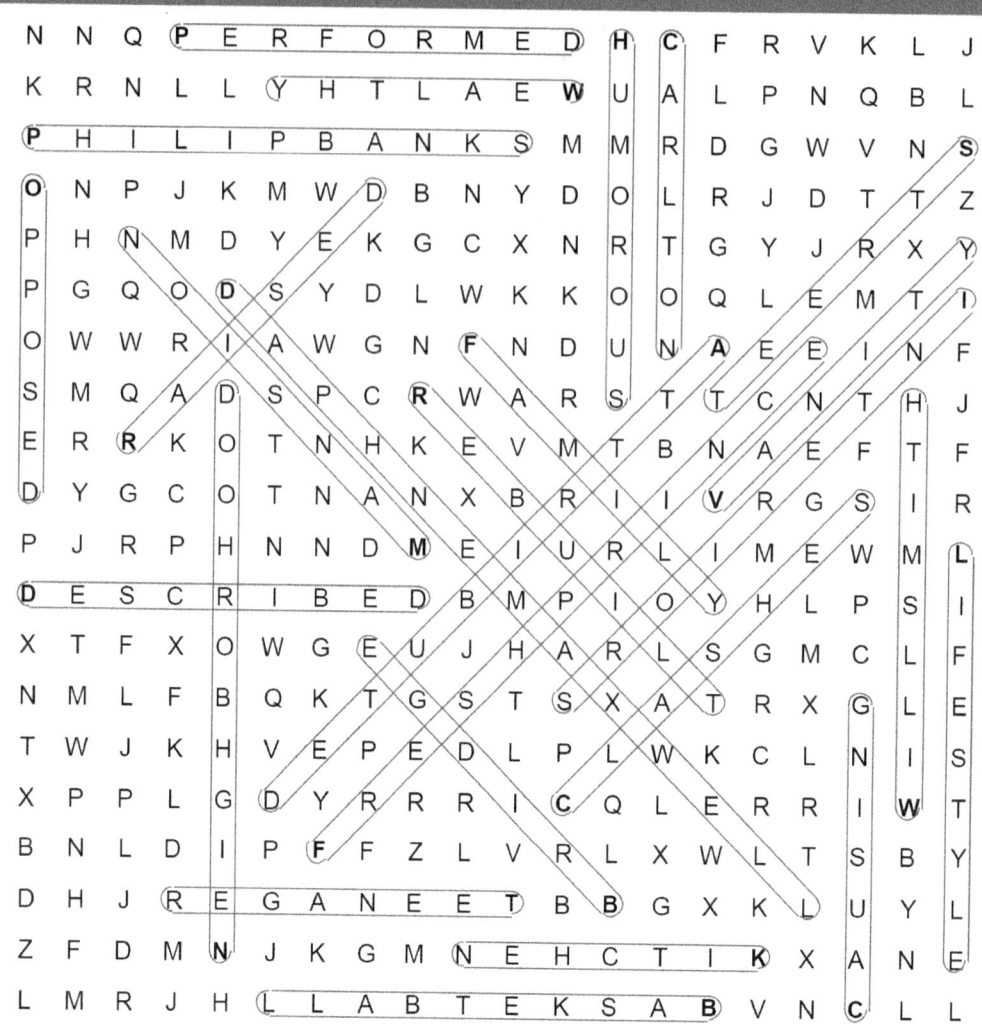

ANSWER KEY

DEXTER'S LABORATORY |PUZZLE #50

- ○ ACCOMPLISHMENTS
- ○ ADVENTURES
- ○ BESPECTACLED
- ○ CLUELESS
- ○ DEE DEE
- ○ DEFENSE
- ○ DESTROYING
- ○ DEXTER
- ○ ENEMY
- ○ EVIL
- ○ FIGHTS
- ○ FUNNIER
- ○ GENIUS
- ○ GLORY
- ○ HAVOC
- ○ HYPERACTIVE
- ○ INTELLIGENT
- ○ INVENTIONS
- ○ JUSTICE
- ○ LABORATORY
- ○ MANDARK
- ○ MARVEL
- ○ MONKEY
- ○ NEMESIS
- ○ PUPPET
- ○ _____

```
W K G B W N T K V H Y P E R A C T I V E
H K Z K N Z V X P C X R E I N N U F L
L N S E R U T N E V D A C P C R J A R C
S E F K G T B C C M M T F E H B C L E H
U V V W J Y X O V T E G S F N C R L T J
S W N R Z M V Y C P E N I F O R A P X N
A S R T A A L R P E E G S M H B M E E R
N S M D H M P U D F H J P U O P T V D Q
A E K H E G P E E T K L M R I C Y I N Y
S L V F T L E D S G I Y A L V N Y L I Z
T E V R M D C L K S G T T L T K E K N C
R U V Q G M X A H Z O R F K R D R G T C
O L M F J W O M T R L L K R X X K E R
N C M D N U E N Y C N C Y D Q J L P L S
O X G M K N S B K J E M A N D A R K L I
M P Y Y T W Z T C E X P T E H K B L I S
O N R S Z X N L I B Y R S H N G G Q G E
N Z O C X R Z J P C T R M E B E R J E M
O T L T S N O I T N E V N I B K M N N E
V G G P D E S T R O Y I N G R K R Y T N
```

A N S W E R K E Y

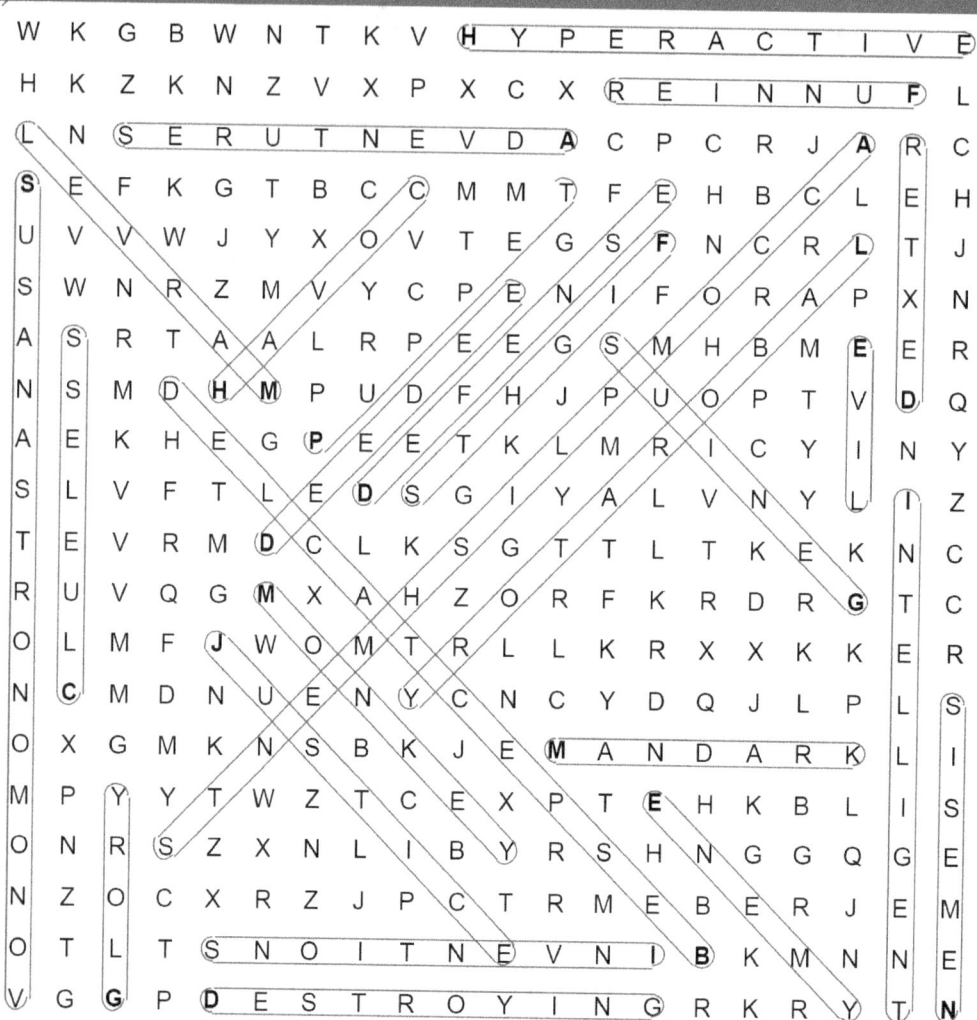

```
W  K  G  B  W  N  T  K  V  H  Y  P  E  R  A  C  T  I  V  E
H  K  Z  K  N  Z  V  S  P  X  C  X  R  E  I  N  N  U  F  L
L  N  S  E  R  U  T  N  E  V  D  A  C  P  C  R  J  A  R  C
S  E  F  K  G  T  B  C  C  M  M  T  F  E  H  B  C  L  E  H
U  V  V  W  J  J  Y  X  O  V  T  E  G  S  F  N  C  R  T  J
S  W  N  R  Z  M  V  Y  C  P  E  N  I  F  O  R  A  P  X  N
A  S  R  T  A  A  L  R  P  E  E  G  S  M  H  B  M  E  E  R
N  S  M  D  H  M  P  U  D  F  H  J  P  U  O  P  T  V  D  Q
A  E  K  H  E  G  P  E  E  T  K  L  M  R  I  C  Y  I  N  Y
S  L  V  F  T  L  E  D  S  G  I  Y  A  L  V  N  Y  L  I  Z
T  E  V  R  M  D  C  L  K  S  G  T  T  L  T  K  E  L  N  C
R  U  V  Q  G  M  X  A  H  Z  O  R  F  K  R  D  R  G  T  C
O  L  M  F  J  W  O  M  T  R  L  L  X  X  X  K  E  I  E  R
N  C  M  D  N  U  E  N  Y  C  N  C  Y  D  Q  J  L  P  L  S
O  X  G  M  K  N  S  B  K  J  E  M  A  N  D  A  R  K  L  I
M  P  Y  Y  T  W  Z  T  C  E  X  P  T  E  H  K  B  L  I  S
N  R  S  Z  X  N  L  I  B  Y  R  S  H  N  G  G  Q  G  G  E
N  Z  O  C  X  R  Z  J  P  C  T  R  M  E  B  E  R  J  E  M
O  T  L  T  S  N  O  I  T  N  E  V  N  I  B  K  M  N  N  E
V  G  G  P  D  E  S  T  R  O  Y  I  N  G  R  K  R  Y  T  N
```